LE TROISIÈME SECRET DE FATIMA

DU MÊME AUTEUR

Éditions du Rocher
Fric-Santé, le scandale

Éditions Albin Michel
Insolite Colombie
Mourir pour Cao Bang
Il faut que Rome soit détruite
Dieu & Successeurs
Dieu persiste et signe

Éditions Fernand Lanore
L'Amérique du Sud à bâtons rompus
(en collaboration avec Cécilia Dem)

Éditions de la Table Ronde
Êvêques français, qu'avez-vous fait du catéchisme ?

Éditions Dismas
Lettre à Monsieur Quelconque sur les enfants artificiels

Éditions Plon
Dom Gérard et l'aventure monastique

Société de production littéraire
Le Prêtre (roman)

Éditions Perrin
Le Duc d'Anjou m'a dit

MARC DEM

LE TROISIÈME SECRET DE FATIMA

Âge du Verseau

ÉDITIONS DU ROCHER
Jean-Paul Bertrand
Éditeur

ISBN 2 268 01821 0

I

Un mystère de trente-trois ans – Le moine fou Le coffre du Saint-Office

Le secret de Fatima – le troisième, puisque les deux premiers sont du domaine public depuis cinquante ans – n'est connu aujourd'hui que de deux personnes au monde : une vieille religieuse octogénaire, cloîtrée dans un couvent du Portugal, et le pape actuellement régnant. La religieuse, sœur Lucie, puisqu'elle a reçu le message de la bouche de la Vierge apparue à la Cova da Iria en 1917. Jean-Paul II, parce qu'il est l'unique détenteur de la relation qu'elle en a faite par écrit.

Ce secret devait, selon les instructions célestes données à la voyante, être publié en 1960. Il ne l'a pas été. Voilà trente-trois ans que l'on se demande pourquoi. En 1960, Jean XXIII, après s'être entouré de conseils autorisés, décacheta en présence du cardinal Ottaviani l'enveloppe contenant les feuillets tracés par la religieuse. Il lut, demeura un instant pensif puis remit le tout sous scellés. Il est possible qu'il ait fait lire le message au cardinal, mais on n'en est pas certain. Ni l'un ni l'autre ne sont plus là pour le dire.

En 1981, le 2 mai, un avion d'Aer Lingus trace sa route entre Dublin et Londres dans un ciel sans nuages. Vol de routine. Les passagers s'aperçoivent à peine qu'un homme, quittant son fauteuil, s'est dirigé vers la cabine de pilotage. Le commandant de bord entend sans trop de surprise – car les piratages de l'air sont devenus monnaie courante – la requête qu'il lui adresse : « N'essayez pas de résister, sinon l'avion saute. Mettez le cap sur Téhéran. »

Le pilote garde son calme puis, d'une voix suave :

– O.K. Mais je n'ai pas assez de kérosène. Je vais me poser pour en prendre.

– Où ?

– En France, au Touquet.

– D'accord, mais ne tentez rien pour m'échapper.

Pourquoi l'Iran ? La question est subsidiaire. Le pilote arrive à passer le message à la tour de contrôle du Touquet. Avant qu'il ne pose son appareil, le GIGN est en route pour intervenir. La suite est banale : huit heures d'angoisse, négociations, débarquement des femmes et des enfants accepté par le pirate, assaut final sans effusion de sang. Quand Lawrence James Downey quitte l'avion les menottes aux poignets, le directeur de l'aéroport sait déjà ce qu'il veut mais n'y comprend pas grand-chose. L'homme est pour lui un doux illuminé. Il a jeté par un hublot des feuillets tapés à la machine expliquant ses exigences : que le pape publie dans un journal, dont il indique le titre, le troisième secret de Fatima

Illuminé, certes. Cet Australien, ancien cistercien au monastère romain des Tre Fontane, dont il avait été chassé vingt-cinq ans plus tôt pour déséquilibre mental, n'avait pour arme qu'une poche de caoutchouc contenant de l'essence. Mais son but était atteint : attirer l'attention sur le fameux secret de la Vierge de Fatima toujours enseveli au Vatican.

Le secret est-il d'importance, concerne-t-il notre vie et l'avenir du monde, présente-t-il un intérêt spirituel exceptionnel ? Ou bien ne doit-il rien nous apporter de bien particulier, comme certains ecclésiastiques l'ont donné à entendre ? La réponse à cette question est facile : ou bien la Mère de Dieu est réellement venue à la Cova da Iria du 13 mai au 13 octobre 1917 pour s'adresser à trois petits bergers, ou bien cette histoire est une fable. Si les apparitions sont réelles, la Sainte Vierge n'a certainement pas parlé pour ne rien dire, son message a de l'importance et les hommes ont le droit d'en connaître l'intégralité. L'Église a reconnu ces apparitions; pour que des hommes d'Église et surtout le pape empêchent la divulgation du secret, ils doivent avoir d'impérieuses raisons.

Lesquelles ? Y répondre, c'est commencer à percer le mystère. Peut-on y répondre ? Il semble que oui. On ne le pouvait pas encore en 1960, mais plus l'histoire se déroule et plus les indices se multiplient, jusqu'à rendre aveuglant le sens des lignes tracées sur une feuille de papier d'écolier, dans la petite enveloppe cachetée à la cire que Pie XII, le premier pape à l'avoir eue en sa possession, déposa sans l'ouvrir, en 1957, dans un coffre de ses appartements privés portant l'étiquette *Secretum Sancti Officii* (Secret du Saint-Office).

II

Le murmure d'une voix très fine – Coup de tonnerre Les enfants en prison – Ce fut un moment terrible

La question que je viens de poser perd évidemment tout son intérêt si les apparitions de Fatima n'ont pas eu lieu. S'il s'agit d'un fait spirituel relevant de la vie intérieure, elle ne concerne que les croyants. Mais il se trouve que ces apparitions se rattachent à un phénomène objectif (le miracle solaire du 13 octobre 1917) qui a pu être observé par des dizaines de milliers de personnes à une date et dans un lieu précis, qui a fait l'objet d'enquêtes nombreuses et de centaines d'attestations écrites, au sujet duquel on pouvait rassembler encore en 1977, pour le soixantième anniversaire, trente témoins oculaires. Il se trouve aussi que le message prophétique qui s'y rattache s'est vérifié d'une façon pour le moins troublante.

Parlons d'abord du miracle, demandé par les trois petits voyants à Notre-Dame et accordé par celle-ci afin de les arracher à la suspicion qui les entourait et aux persécutions que leurs premières visions leur avaient values. On sait qu'en cette année 1917, la Vierge leur apparut six fois, chaque 13 du mois à partir du 13 mai, sauf en août où le rendez-vous du Ciel avec la Terre fut remis au 19, les autorités civiles ayant eu la surprenante idée de mettre les enfants en prison. Le 13 juillet, la Dame avait dit : « Continuez à venir ici tous les mois. En octobre, je dirai qui je suis, ce que je veux et je ferai un miracle que tous verront pour croire. »

Voyons les choses du côté des témoins. Ils furent quelque 70 000 à se rendre sur les lieux à pied, en charrette, en carriole, à dos d'âne, à bicyclette, en diligence, en automobile pour quelques-uns. Une foule très diversifiée par rapport à ce qu'on appellerait aujourd'hui les catégories socioprofessionnelles. Beaucoup de paysans, mais aussi, comme le relate l'historien Leopoldo Nunès, « quelques-uns des hommes les plus illustres dans les lettres, dans les arts et dans les sciences, presque tous des incroyants, venus en simples curieux amenés par la prédiction des enfants. »

La plupart sont arrivés dès la veille au soir, ils dormiront sur place, à la belle étoile, car nous sommes en pleine campagne, sans autre abri que les branches d'un arbre lorsque l'on peut encore y trouver de la place. Il y a aussi des prêtres, des séminaristes et des journalistes. Avelino de Almeida, rédacteur en chef de *O Seculo,* le grand quotidien de Lisbonne, dépeint minutieusement l'atmosphère régnant dans ce canton perdu la veille du grand jour : « Hommes et femmes, presque tous, sont pieds nus. Les femmes portent sur la tête des sacs, surmontés de leurs savates. Les hommes s'appuient sur de gros bâtons et sont munis aussi de leurs parapluies. On dirait que la plupart sont étrangers à ce qui se passe autour d'eux. Ils vont, sans s'occuper du paysage ni des autres pèlerins, comme plongés dans un rêve, récitant le chapelet sur un ton de triste mélopée. » *O Seculo* est un journal libéral et maçonnique s'il en est. Avelino de Almeida fait partie des curieux professionnels, il flaire le grand reportage et la multitude rassemblée autour de la Cova da Iria lui indique qu'il ne s'est pas déplacé pour rien. Que son nom paraisse dans ce livre de si longues années après montre que son intuition ne l'a pas trompé.

Les pèlerins vont connaître une nuit difficile, car il se met à pleuvoir et cette pluie continue de tomber le lendemain sans décourager personne; les chemins sont des bourbiers, l'herbe des prairies gonflées d'eau cède sous les pieds, il fait froid. « Dès l'aube, de nouveaux groupes surgissent, intrépides, et traversent, sans s'arrêter un moment, la petite ville (Vila Nova de Ourem, à partir de laquelle notre journaliste devra lui-même faire vingt kilomètres à pied le matin pour atteindre la Cova) dont le silence est rompu par le chant des cantiques... Le soleil se lève, mais l'aspect du ciel est menaçant. Des nuages noirs s'amoncellent, précisément du côté de Fatima... Vers 10 heures, le ciel se couvre complètement et une grosse pluie se met à tomber. L'averse, fouettée par un vent aigre, fustige les visages, inonde le macadam des routes et transperce jusqu'aux os ceux qui n'ont pas eu la précaution d'emporter un parapluie. »

La route de Leiria domine le site. De cette route, Avelino de Almeida observe la lande : « L'ensemble est assez pittoresque. De prudents campagnards, abrités sous d'énormes parapluies, déballent leurs humbles provisions, en poursuivant le chant des cantiques et la récitation du rosaire. Personne n'hésite à s'enfoncer les pieds dans l'argile détrempée, pour avoir le bonheur de voir de près le chêne vert, au-dessus duquel on a dressé un arc rustique, où se balancent deux lanternes. »

Le chêne vert, un jeune arbre d'un mètre de haut, beaucoup le connaissent déjà. Le 13 juin, il est venu cinquante personnes, le 13 juillet trois mille, le 13 août de dix-huit à vingt mille, le 13 septembre trente mille, attirées par la nouvelle que trois petits enfants voyaient la Sainte Vierge. Des manifestations de type atmosphérique ont eu lieu chaque fois, en particulier le coup de tonnerre et l'éclair annonciateurs, la nuée qui se formait à trois reprises au-dessus de l'yeuse, la luminosité changeante. Ceux qui se trouvaient tout près entendaient Lucie parler et le chanoine Barthas, un des premiers historiens de Fatima, a pu interroger des témoins ayant entendu le 13 juin, « entre les paroles de Lucie, comme le murmure d'une voix très fine, mais inintelligible ». « Je remarquai un fait étonnant, rapporte un autre témoin : on était au mois de juin et l'arbre avait toute sa ramure couverte de longues pousses toutes jeunes. Or, à la fin de l'apparition, lorsque Lucie annonça que Notre-Dame partait dans la direction de l'est, tous les rameaux de l'arbre se ramassèrent et s'infléchirent de ce même côté, comme si Notre-Dame en partant avait laissé traîner sa robe sur la ramure. » Maria Carreira, une paysanne, fidèle de la première heure et qui prendra l'initiative de bâtir la chapelle demandée par l'Apparition, explique de même : « En nous tournant alors vers le chêne vert miraculeux, quelle ne fut pas notre surprise de voir que les petites branches du sommet, qui étaient auparavant toutes droites, étaient maintenant un peu inclinées vers l'est, comme si elles avaient été réellement foulées par quelqu'un. »

Le 13 septembre, comme le rapporte Mgr Quaresma, un prélat venu se rendre compte de la réalité des faits, on vit « clairement et distinctement un globe lumineux, se déplaçant du Levant vers le Couchant et glissant lentement et majestueusement dans l'espace. » Et ce globe descend vers l'yeuse, la lumière du soleil diminue de telle façon qu'il fait presque nuit et que certains voient les étoiles. Cet obscurcissement du soleil s'était déjà produit le 13 juillet. Manuel Pedro Marto, père de François et Jacinthe, a raconté au Père de Marchi qui enquêtait sur place en 1944 : « En faisant plus attention, je vis comme un petit nuage cendré qui planait sur le chêne vert. Le soleil s'obscurcit et un souffle frais, agréable, se fit sentir. Il ne paraissait plus que nous étions au plus fort de l'été... Enfin, après que Lucie eut interrogé la Vision pour la dernière fois, on entendit à ce moment quelque chose comme un grand coup de tonnerre, et le portique qu'on avait planté là pour y accrocher deux petites lanternes trembla tout entier comme s'il y avait eu un tremblement de terre. Lucie, qui était encore à genoux, se leva et se tourna si vite que sa jupe se souleva comme un ballon. Et elle s'écria, en montrant le ciel : " Elle s'en va! Elle s'en va!... " Et après quelques instants : " On ne la voit déjà plus. " Je tirai de cela aussi une grande preuve. »

Le 13 août, comme nous l'avons dit, les enfants avaient été retenus par l'administrateur de Vila Nova de Ourem, mais la foule, qui l'ignorait encore, était au rendez-vous. Maria Carreira donne le récit de ce qui se passa sur place : « Autour du chêne vert on priait, on chantait les cantiques de l'église. Mais les petits tardaient à venir et tout le monde commençait à s'impatienter. Là-dessus, quelqu'un de Fatima arriva en disant que l'Administrateur avait enlevé les enfants. Il s'éleva alors un brouhaha et je ne sais pas ce que cela aurait donné si, soudain, un coup de tonnerre ne s'était fait entendre. Le coup de tonnerre était plus ou moins semblable à celui de la fois précédente. Les uns disaient qu'il venait de la route, d'autres, du chêne vert... Il me sembla, à moi, qu'il venait de très loin. Tout le monde se tut, effrayé; quelques-uns se mirent à crier qu'on allait mourir. La foule commença à se disperser et à s'éloigner du chêne vert... En fait, personne ne mourut! Au coup de tonnerre succéda un éclair, et aussitôt nous commençâmes tous à remarquer un petit nuage, très joli, de couleur blanche, très léger, qui plana quelques instants au-dessus du chêne vert puis s'éleva vers le ciel et disparut dans les airs. En regardant alors autour de nous, nous observâmes une chose étrange, que nous avions déjà vue la fois précédente et que nous devions voir encore par la suite. Les visages des gens avaient toutes les couleurs de l'arc-en-ciel : rose, rouge, bleu... Les arbres ne paraissaient pas avoir des rameaux et des feuilles, mais seulement des fleurs ; tous paraissaient chargés de fleurs, et chaque feuille paraissait une fleur. Le sol était comme recouvert de carreaux de couleurs différentes. Les vêtements aussi étaient de toutes les couleurs de l'arc-en-ciel. Les deux lanternes attachées à l'arceau paraissaient être en or. »

La paysanne conclut : « Certainement Notre-Dame était venue, et elle n'avait pas rencontré les enfants. Quel dommage ! Elle était venue et elle ne les avait pas trouvés. »

Tous ces signes et d'autres comme, le 13 juillet, ces sortes de pétales blancs ou de flocons de neige tombant du ciel et disparaissant à mesure qu'ils touchaient le sol, étaient vus tantôt par les uns, tantôt par les autres, mais toujours par un nombre considérable de personnes, y compris par des gens peu mystiques dont la présence avait pour cause la curiosité critique ou le désir de brocarder les voyants et ceux qui les soutenaient. Les ecclésiastiques n'étaient pas les derniers sceptiques, il y en eut beaucoup poussés par le souci de réduire à néant dans l'esprit du public des manifestations qui leur compliquaient la tâche : si la Vierge apparaissait vraiment, ils devaient tenir compte de son message et sortir de leur routine ; dans l'âme de tout homme, prêtres compris, sommeille un fonctionnaire.

Revenons donc au 13 octobre, journée historique annoncée et au sujet de laquelle Lucie montrait une confiance inébranlable. La Dame lui avait promis de faire un miracle, elle avait la certitude qu'elle tiendrait sa parole. Avelino de Almeida poursuit sa relation : « La présence des voyants est signalée peut-être une demi-heure avant le moment indiqué pour l'apparition. On conduit les petites filles couronnées de fleurs à l'endroit où se dresse le portique. La pluie continue sans arrêt, mais personne ne désespère. Des chariots retardataires arrivent sur la route. Des groupes de fidèles s'agenouillent dans la boue et Lucie leur ordonne de fermer les parapluies. L'ordre est transmis et exécuté tout de suite, sans résistance. » La foi de Lucie est contagieuse : toute une foule s'expose à l'incommodité de cette pluie persévérante, aux risques de refroidissement, de rhume et de grippe, simplement parce que cette fillette de dix ans l'a dit.

Les photos jaunies qui nous sont restées, publiées en grande partie dans la presse de l'époque, s'ajoutent aux innombrables témoignages écrits pour rappeler les diverses étapes de ce quart d'heure bouleversant – car le tout ne dura pas davantage. On voit distinctement le moutonnement des parapluies sur la lande pierreuse, puis, sous la pluie qui persiste, la foule se laissant mouiller. A quelques minutes de distance, voici les milliers de visages tendus tous dans la même direction, vers l'insolite spectacle, les yeux grands ouverts regardant le soleil. Ces photos constituent une preuve flagrante du miracle : on pouvait, en plein midi, fixer le soleil au milieu d'un ciel dégagé (la pluie s'était subitement arrêtée et « les nuages accumulés disparurent sans que le moindre souffle d'air se fasse sentir ») sans se faire mal aux yeux.

Comment se présentait-il donc, ce soleil? Du côté des voyants, la scène se déroule ainsi : « Arrivés à la Cova da Iria, près du chêne vert, écrit Lucie, poussée par un mouvement intérieur, je demandai à la foule de fermer les parapluies pour réciter le chapelet. Peu après, nous avons vu le reflet de la lumière et, ensuite, Notre-Dame au-dessus du chêne vert. » Une première conversation s'engage; la Vierge dit qui elle est : « Je suis Notre-Dame du Rosaire », elle fait connaître ses volontés : que l'on élève en ce lieu une chapelle en son honneur, que l'on continue à réciter le rosaire tous les jours. Elle annonce que la guerre va finir. A la fillette qui lui demande de guérir quelques malades et de convertir des pécheurs, elle répond : « Quelques-uns oui, d'autres, non. Il faut qu'ils se corrigent, qu'ils demandent pardon de leurs péchés... qu'ils n'offensent plus Dieu, Notre-Seigneur, qui est déjà trop offensé. »

Le quatrième mémoire de Lucie poursuit ainsi : « Ouvrant alors les mains, Elle les fit se réfléchir sur le soleil et, pendant qu'Elle s'élevait, le reflet de Sa propre lumière continuait à se projeter sur le soleil. Voici, Excellence, le motif pour lequel j'ai crié que l'on regarde le soleil. »

Du côté de l'assistance, l'apparition n'a pas été visible, bien qu'un fait l'eût signalée. Un professeur de la faculté des sciences de Coïmbre, Almeida Garrett, en donne la description suivante : « Il devait être une heure et demie lorsque s'éleva à l'endroit précis où étaient les enfants une colonne de fumée, déliée, ténue et bleutée, qui monta droit jusqu'à deux mètres peut-être au-dessus des têtes et s'évanouit à cette hauteur. Ce phénomène dura, parfaitement visible à l'œil nu, quelques secondes... La fumée se dissipa brusquement et, au bout d'un certain temps, le phénomène revint se produire une seconde, puis une troisième fois. Les trois fois, et surtout la dernière, les madriers dressés se détachaient nettement dans l'atmosphère grise. »

Le Dr Almeida Garrett a adopté la position du scientifique décidé à observer le tout d'un œil impartial. Il s'est posté, armé de jumelles, à une centaine de mètres, sur une élévation d'où il peut tout découvrir. Il interprète les fumées comme produites « par quelque encensoir », mais son enquête ultérieure le convainc qu'il n'y a pas plus d'encensoir qu'il n'y en avait les fois précédentes, où les fumées avaient été également vues.

Tout cela s'est passé très rapidement. Plus ou moins d'une minute, dit-il. L'heure qu'il donne est l'heure officielle du Portugal, qui avait adopté, pendant la Première Guerre mondiale, une heure et demie d'avance sur l'heure solaire. La Vierge s'était donc montrée à midi, exacte au rendez-vous fixé aux enfants. Cette exactitude est un élément de poids dans l'évaluation scientifique des faits.

« Regardez le soleil. » Le Dr Almeida Garrett n'a pas entendu l'injonction de Lucie, du moins il ne le dit pas, mais ce qui attire son attention, c'est le brouhaha qui s'élève de la foule : « ... et je vis toute cette multitude, dispersée dans le large espace qui s'étendait à mes pieds et amassée en vagues compactes autour des poteaux dressés et sur les petits murs de pierres sèches, tourner le dos à l'endroit vers lequel, jusque-là, convergeaient toutes les impatiences anxieuses et regarder le ciel du côté opposé. »

Il note la disparition en quelques instants de l'épaisse couche de nuages et donne cette description lapidaire de l'astre jusque-là voilé : « Le soleil, semblable à un disque bien net, à l'arête vive, qui luisait sans blesser la vue ».

Tous les témoins ont été sensibles à cette particularité démentant l'observation constante qui faisait dire à Gérard de Nerval :

Oh, c'est que l'aigle seul, malheur à nous, [malheur!
Peut impunément regarder le soleil et la [gloire.

Almeida Garrett n'estime pas tout à fait exacte la comparaison faite par d'autres témoins avec « un disque d'argent mat » : « C'était une couleur plus claire et plus riche, avec des nuances semblables à l'orient d'une perle. Le soleil ne ressemblait pas du tout à la lune lorsqu'elle brille dans un ciel pur, parce qu'il paraissait doué de vie. Il n'était pas quelque chose de sphérique, comme la lune, et n'avait pas la même tonalité, ni les mêmes clairs-obscurs. Il ressemblait à une rondelle de matière polie, comme découpée dans la nacre d'une coquille. Ce n'est pas là une comparaison banale, de poésie à bon marché. Mes yeux l'ont vu ainsi. »

Le professeur précise sa vision : il ne s'agit pas d'un soleil tamisé par la brume, car il n'y avait pas de brume, il était dans tout son éclat de lumière et de chaleur « et se dessinait nettement dans le ciel, avec son bord en arête vive, comme une table à jeu. » On put l'observer ainsi près de dix minutes, avec deux brèves interruptions où l'astre émit des rayons fulgurants obligeant à détourner le regard.

« Tandis que je fixais le soleil, continue-t-il, je remarquai que tout s'obscurcissait autour de moi. Je regardai près de moi, je jetai mes regards au loin, jusqu'à l'extrémité de l'horizon, et je vis que tout était couleur d'améthyste. Les objets, le ciel, l'amosphère avaient la même couleur. Un chêne violet, qui se dressait en face de moi, projetait sur la terre une ombre foncée. »

Le scientifique reste fidèle à lui-même, il procède à une expérimentation immédiate : « Craignant de souffrir d'une affection de la rétine, hypothèse peu probable cependant, parce que, dans ce cas, je n'aurais pas dû voir les choses en violet, je me retournai et je fermai les paupières en mettant les mains devant mes yeux pour intercepter toute lumière. Tournant ainsi le dos au soleil, j'ouvris de nouveau les yeux et je reconnus que l'atmosphère et le paysage conservaient la même couleur violette. »

Pour mieux préciser, il fait la comparaison avec une éclipse qu'il a observée précédemment. Le présent phénomène est tout différent : lors d'une éclipse totale du soleil, la température baisse sensiblement, la lumière s'obscurcit et on ne voit plus que les objets proches, le reste se perdant dans l'obscurité comme pendant la nuit. « A Fatima, l'atmosphère, bien que violette, demeurait transparente jusqu'à la limite de l'horizon qui se distinguait et se voyait clairement, et je n'ai pas eu la même sensation d'un arrêt de l'énergie universelle. »

La coloration violette s'estompe alors. Le professeur entend un paysan s'exclamer : « Cette dame est toute jaune ! » « De fait, tout avait changé, de près et de loin, et avait pris le ton de vieux damas jaune. Les gens paraissaient atteints de jaunisse. Je ne pus m'empêcher de sourire, en voyant tout le monde si laid et si disgracieux. On entendit des rires. Ma main avait le même ton jaune. »

Des rires vite dissipés : soudain, le disque solaire se met à tourner sur lui-même, comme une roue sur son axe, « à une vitesse vertigineuse », puis un cri terrifié s'élève de la poitrine des spectateurs : le soleil se détache de la voûte céleste et ils ont l'impression qu'il va tomber sur eux.

Si l'on réunit tous les témoignages – extraordinairement concordants – on constate que le soleil de Fatima, à cet instant précis, apparut « comme une roue de feu d'artifice », devint rouge flamboyant et fondit du haut du ciel jusqu'à la ligne d'horizon en décrivant des boucles, puis s'arrêta et remonta de la même façon, en répandant une forte chaleur. Un croquis du baron de Alvayazère donne à l'ensemble de ce parcours fantastique la forme d'une ellipse. Une expression souvent relevée dans les récits est celle d'une « danse » du soleil, mais une danse qui n'avait rien de gracieux ni d'apaisant : « Ce fut un moment terrible », « Ce furent quelques secondes terrifiantes », des gens s'évanouissaient, des cris de supplication s'élevaient, on croyait à la fin du monde, on criait : « Au secours ! » Maria Carreira relate que, près d'elle, une femme se mit à confesser ses péchés à haute voix sans se préoccuper de ceux qui pouvaient l'entendre.

Avant d'abandonner le Dr Almeida Garrett, citons la fin de sa déposition : « Tous les phénomènes que je décris ici, je les ai observés avec calme et sérénité, sans émotion ni inquiétude. Il appartient à d'autres de les expliquer ou de les interpréter. Pour terminer, je dois déclarer que jamais, ni avant ni après le 13 octobre, je n'ai constaté de phénomènes solaires ou atmosphériques de ce genre. »

Quant au baron de Alvayazère, il était venu, affirme-t-il, « par manière de distraction », certain que toute cette affaire n'était qu'une « bonne blague ». Il avait lu « La Psychologie des foules », de Gustave Le Bon, et s'était promis de ne pas se laisser prendre par le genre de courant hypnotique qui surgit parfois au sein des collectivités. Après le prodige, que lui aussi décrivit minutieusement, il note dans son témoignage : « Je sais tout juste que je criai : Je crois ! Je crois ! Je crois ! et que des larmes tombèrent de mes yeux. J'étais émerveillé, extasié devant cette manifestation de la puissance divine. »

III

Une vision fantastique – Il était comme paralysé
L'honneur d'un journaliste – « J'ai vu! »

Un témoin auquel le RP De Marchi, religieux italien qui, pendant dix ans, a enquêté à Fatima, posait la question rituelle : « Ce prodige solaire, ne serait-ce pas, par hasard, un cas de suggestion collective? » répondit en riant : « Quoi? La seule chose qui était collective, c'était la pluie qui nous trempait jusqu'aux os! »

Elle tombait si bien que les personnes présentes n'avaient plus, selon l'expression d'un médecin, « un fil de sec ». Or, dès que le soleil eut regagné sa place dans le ciel, comme les gens médusés se regardaient les uns les autres, une constatation s'imposa à eux : leurs vêtements avaient complètement séché pendant ce bref quart d'heure sans qu'ils y prissent garde. « Tout le monde se sentait à l'aise, [...] ce qui fit l'objet de l'étonnement général, écrit l'académicien Marques da Cruz en 1937. Cela m'a été garanti avec la plus grande sincérité par des dizaines et des dizaines de personnes d'une loyauté absolue, que je connais intimement depuis l'enfance et qui vivent encore, ainsi que par des personnes de différentes provinces du pays, lesquelles se trouvaient présentes aux événements. »

C'était comme une confirmation immédiate destinée à montrer à ces gens qu'ils n'avaient pas rêvé, un détail pratique qui les ramenait sur terre, faisant en quelque sorte la transition entre la vision fantastique et la vie quotidienne, mais aussi une attention maternelle de la Vierge à leur égard.

Une question se pose : fallait-il être sur place pour assister à la danse du soleil et n'a-t-elle pas été vue dans d'autres régions ? Elle a son importance car, à ne concerner que la foule réunie à la Cova da Iria, le prodige aurait pu être imputé par les fervents de Gustave Le Bon à ce « genre de courant hypnotique qui surgit parfois au sein des collectivités ». Mais des gens qui n'y étaient pas l'ont constaté à des kilomètres de distance, comme le poète Afonso Lopes Vieira, qui se trouvait à São Pedro de Muel, à 40 kilomètres de là : « En ce jour du 13 octobre, déclare-t-il à De Marchi, alors que je n'avais pas gardé le souvenir des prédictions des petits bergers, je fus émerveillé par un spectacle éblouissant dans le ciel, pour moi entièrement nouveau, auquel j'ai assisté de ce balcon. »

Le même enquêteur a recueilli les souvenirs de plusieurs habitants d'Alburitel, situé à environ 18 kilomètres de Fatima. Un élève de l'école du village, Inacio Lourenço, qui deviendra prêtre plus tard, raconte : « Il était à peu près midi, quand nous fûmes surpris par des cris et des exclamations, poussés par des hommes et des femmes qui passaient dans la rue devant notre école. L'institutrice, très bonne et pieuse, mais facilement impressionnable et très timide, fut la première à sortir dans la rue et ne put empêcher les enfants de sortir tous, eux aussi, à sa suite. Dans la rue, les gens pleuraient et criaient, montrant le soleil, sans répondre aux questions que leur faisait notre institutrice, très émue.

« C'était le grand miracle, que l'on voyait très distinctement du haut de la colline où se trouve mon village ; c'était " le miracle du soleil ", avec tous ses phénomènes extraordinaires. »

La description qu'il en donne correspond exactement à ce que nous avons déjà dit. « Près de nous, dit encore Inacio Lourenço, se trouvait un incroyant, un homme sans religion, qui avait passé la matinée à se moquer des naïfs qui faisaient un tel voyage pour aller voir à Fatima une petite fille. Je le regardai. Il était comme paralysé, figé, les yeux fixés sur le soleil. Puis je le vis trembler de la tête aux pieds, lever les mains au ciel et tomber à genoux dans la boue en criant : " Notre Dame! Notre Dame "! » L'émotion fut générale dans le village, dont les deux chapelles se remplirent, aussitôt le prodige accompli, d'habitants émerveillés qui rendaient grâces après avoir cru leur dernière heure arrivée. Nous avons donc encore affaire à des témoins nombreux, qu'il est difficile de soupçonner d'avoir été la proie d'un « courant hypnotique », phénomène aussi peu établi scientifiquement, du reste, que celui d'hallucination collective, car il faudrait que ce mystérieux courant ait eu une singulière puissance pour s'exercer en plusieurs lieux à la fois sur des collectivités différentes, ainsi que sur des individus isolés comme le poète Lopes Vieira.

Mais si le soleil a dansé, les observatoires s'en sont-ils rendu compte? On ne tarda pas à s'en inquiéter. Le directeur de l'observatoire de Lisbonne répondit de la sorte à *O Seculo* : « A être un phénomène cosmique, les observatoires astronomiques n'auraient pas manqué de l'enregistrer. Et c'est précisément ce qui fait défaut, cette notation inévitable de toute perturbation dans le système des mondes, si petite soit-elle. » Dans sa lettre pastorale du 13 octobre 1930 relative aux apparitions, l'évêque de Fatima, Mgr Correia da Silva, n'élude pas la question : « Ce phénomène, qu'aucun observatoire astronomique n'a enregistré et qui n'a pu être, par conséquent, un phénomène naturel, des personnes de toutes les conditions et de toutes les classes sociales l'ont constaté, des incroyants comme des croyants... » Un phémonène qui n'est pas naturel est un phénomène qui n'obéit pas aux lois de la nature. C'est la définition même du miracle.

Une attitude significative est celle d'Avelino de Almeida. Après ses deux articles retentissants dans *O Seculo,* il fut en butte aux critiques violentes de la franc-maçonnerie et des libres-penseurs alors tout-puissants. Témoin ce libelle répandu par la Fédération portugaise de la libre-pensée : « On a inventé, y lit-on, que le soleil, à une heure donnée du 13 octobre 1917 (huitième anniversaire de l'assassinat de Francisco Ferrer, c'est-à-dire en plein vingtième siècle), aurait dansé le fandango ou le chifarote avec les nuages ! » Puis il s'en prend au reporter : « Il y a même eu des gens pour jeter, sur cette blague malséante, la lumière de la lanterne de la grande publicité. Et celui qui assume la responsabilité de ce crime est un homme qui, par son intelligence, ses connaissances en matière théologique et par les brillantes traditions d'une autre *Lanterne* (journal anticlérical auquel il avait collaboré) bien différente de ton, n'avait pas le droit de se prêter à un rôle si répugnant. »

Avelino de Almeida, honni par ses pairs, revint sur le sujet le 29 octobre dans sa revue *Ilustração Portuguesa,* en publiant les photos-témoins, dans un article émouvant intitulé « Lettre à une personne qui demande un témoignage impartial. »

Cette personne est un camarade d'enfance, réel ou imaginaire, qu'il dit lui avoir écrit après vingt ans de silence pour lui poser la question de confiance.

« [...] Tu m'écris pour me demander ce que j'ai vu et entendu sur la lande de Fatima, quand le bruit d'apparitions célestes a rassemblé dans ce désert désolé des dizaines de milliers de personnes plus assoiffées, à mon opinion, de surnaturel que poussées par la pure curiosité ou l'espoir d'un intérêt quelconque.

« [...] Ce que j'ai entendu à Fatima ? Que la Vierge Marie, après la fête de l'Ascension, était apparue à trois enfants qui paissaient leur troupeau, un garçon et deux fillettes, leur recommandant de prier et leur promettant de leur apparaître le 13 de chaque mois, jusqu'à ce qu'en octobre elle leur donnât quelque signe du pouvoir de Dieu et leur fît des révélations. La nouvelle se répandit sur de nombreuses lieues à la ronde, jusqu'aux confins du Portugal.

« [...] Et quand je n'imaginais plus voir quelque chose de plus impressionnant que cette multitude bruissante mais pacifique animée par la même idée obsessionnelle et la même puissante impulsion, que vis-je encore, moi, de véritablement étrange sur la lande de Fatima ? Une pluie, à l'heure annoncée, qui cessait de tomber ; une masse dense de nuages qui se déchirait et l'astre-roi, disque d'argent mat, qui apparaissait en plein zénith et commençait à danser une danse violente et convulsive, qu'un grand nombre de personnes imaginait être une danse serpentine, tant étaient belles et rutilantes les couleurs qui revêtaient successivement la surface du soleil...

« Miracle, comme criait le peuple ? Phénomène naturel, comme disent les savants ? Je n'essaie pas maintenant de le savoir, mais seulement de t'affirmer ce que j'ai vu... Le reste est l'affaire de la science et de l'Église. »

L'auteur de l'article distingue entre ce qu'il a entendu et ce qu'il a vu. Il ne prend à son compte que cette deuxième série de faits : « *Ou vi* ». Quelles que soient ses opinions – son article du matin même était teinté d'une ironie prudente –, il remplit son rôle de reporter et il le remplit consciencieusement malgré les pressions subies. Cette deuxième série de faits comprend les phénomènes célestes et l'attitude de la foule. La foule a crié au miracle, se montrant en cela plus avisée que le directeur de l'observatoire de

Lisbonne, car c'est jusqu'à ce jour la seule explication qui résiste à l'analyse. Avelino de Almeida aura réussi, par son honnêteté professionnelle, à laisser son nom à la postérité, ce qui n'est pas fréquent dans le monde des journalistes. Leur mémoire est aussi périssable que les feuilles volantes où ils écrivent, surtout quand il s'agit d'un journaliste portugais du début du siècle, qui n'avait rien d'un Stanley ou d'un Albert Londres.

IV

Le chiffre 3 – L'Ange du Portugal
Une personne enveloppée d'un drap
Que tous aillent se cacher!

Avant de parler du message de Fatima, il est bon que nous mettions au clair le déroulement des apparitions dans le temps. Le chiffre 3 y tient une place prépondérante : les apparitions auront lieu pendant trois ans, celles de la troisième année seront au nombre de 2 fois 3 = 6. La première année, en 1915, Lucie est accompagnée de trois petites camarades ; en 1916 et 1917, elle sera en compagnie de deux autres enfants.

Car dès 1915 le Ciel se manifeste. Ce n'est pas la Vierge qui apparaît d'abord, mais un ange, l'Ange du Portugal. L'angélologie la plus ancienne nous enseigne que chaque pays a son ange protecteur, comme chaque homme a son ange gardien, et saint Thomas d'Aquin a montré que le gouvernement divin s'exerçait sur toutes choses par les bons offices de ces purs esprits.

Les trois premières apparitions sont très subtiles et ne s'accompagnent d'aucun dialogue ni d'aucun message. Lucie les raconte ainsi dans son deuxième Mémoire : « Je choisis donc parmi eux (les enfants du voisinage) trois petites filles pour être mes compagnes et, sans dire rien de plus, je m'entendis avec elles pour aller vers des pâturages du côté opposé. Celles que j'avais choisies étaient : Thérèse Matias, sa sœur Marie-Rose, et Marie-Justine. Le lendemain, nous allâmes avec nos troupeaux vers une colline appelée le Cabeço. Nous nous dirigeâmes vers le flanc de la colline tourné vers le nord. Sur le flanc sud de cette colline se trouvait l'endroit appelé les Valinhos, que Votre Excellence doit connaître de nom. Et, sur le flanc qui se trouve face au soleil naissant, se trouve le rocher dont j'ai parlé à Votre Excellence dans l'écrit sur Jacinthe. Nous sommes montées avec nos troupeaux presque jusqu'à la cime de la colline. A nos pieds se trouvait un grand terrain planté d'arbres qui s'étendait jusqu'à la plaine, avec des oliviers, des chênes, des pins, des chênes verts, etc. Vers l'heure de midi, nous mangeâmes notre repas. Après cela j'invitai mes compagnes à réciter avec moi le chapelet, ce qu'elles firent avec plaisir. Nous avions à peine commencé que, devant nos yeux, nous vîmes, comme suspendue dans l'air au-dessus des arbres, une figure semblable à une statue de neige que les rayons du soleil rendaient un peu transparente.

– Qu'est-ce que c'est? demandèrent mes compagnes un peu effrayées.

– Je ne sais pas.

Nous continuâmes notre prière, gardant les yeux fixés sur cette figure, qui disparut dès que nous eûmes terminé. »

Lucie, qui a alors huit ans, comprend qu'elle ne doit pas parler de ce qu'elle a vu – et d'ailleurs, que pourrait-elle en dire? Elle écrit ailleurs que cette figure avait « forme humaine ». Les autres fillettes n'ayant pas pu, quant à elles, retenir leur langue, aux questions que lui pose sa mère Lucie répond, pour expliquer l'inexplicable et décrire l'indescriptible : « Cela ressemblait à une personne enveloppée d'un drap. » Expression qui excitera les sarcasmes de la famille.

On peut considérer ces premières apparitions évanescentes comme une entrée en matière, un premier pas dans le monde surnaturel. Si elles n'avaient pas eu de suite, l'enfant avoue elle-même qu'elle les aurait complètement oubliées. C'est l'année suivante seulement que l'identité de l'ange se révélera.

Cette fois donc, elle se trouve en compagnie de ses cousins, François et Jacinthe, qui viennent d'être autorisés à mener aux champs les troupeaux de leurs parents. La vie des pastoureaux ne manque pas d'agrément. La responsabilité des bêtes leur laisse beaucoup de temps, ils jouent aux jeux traditionnels : aux cailloux, aux boutons, aux gages, à *regôgô,* c'est-à-dire à cache-cache. L'enfant qui doit retrouver les autres chante :

Regôgô, regôgô, regôgô!
Que tous aillent se cacher,
Me voilà! Me voilà!

puis se met à leur recherche. Selon De Marchi, le mot *regôgô* est censé représenter le glapissement du renard en chasse.

On danse des viras, on chante de vieux airs de la campagne :

Montagnarde, montagnarde
Aux yeux couleur de châtaigne,
Qui t'a donné, montagnarde,
De semblables charmes?
Je n'en ai jamais vu de pareils

Montagnarde, montagnarde,
Aie pitié de moi!

Montagnarde, montagnarde
A la poitrine couleur de rose,

Qui t'a donné, montagnarde,
Une si délicate couleur?
Une couleur si délicate,
Jamais je n'en vis de pareille...
etc.

Mais, à côté de ces joyeuses romances, beaucoup de cantiques aussi. Le préféré de François est :

J'aime Dieu dans le ciel
Je l'aime aussi sur la terre;
J'aime, dans les champs, les fleurs,
J'aime les brebis dans la montagne...

Une occupation régulière consiste aussi, chez ces petits paysans élevés dans une atmosphère très chrétienne, à réciter le chapelet. Ils s'y emploient, un jour de l'été 1916, alors que la pluie les a poussés à chercher un abri dans une olivaie pour y prendre leur repas, mais, selon le souvenir que Lucie pense avoir gardé, pressés de reprendre leurs jeux, ils utilisent une méthode qui aurait été inventée par François : au lieu de réciter les prières, ils disent seulement sur chaque grain : *Ave Maria* ou *Padre Nosso.* Ce qui, évidemment, va beaucoup plus vite.

Le temps est redevenu beau. Alors qu'ils jouent « aux petites pierres », un fort coup de vent inattendu secoue les arbres. Ils lèvent les yeux et voient, au-dessus des oliviers et se dirigeant vers eux, « la même figure dont j'ai déjà parlé. Jacinthe et François ne l'avaient jamais vue et je ne leur en avais jamais parlé. Au fur et à mesure qu'elle s'approchait, nous distinguions mieux ses traits. Elle avait l'apparence d'un jeune homme de quatorze ou quinze ans, plus blanc que la neige, que le soleil rendait transparent comme s'il était en cristal, et d'une grande beauté. »

Il se nomme : « Je suis l'ange de la paix », et leur

apprend une prière : « ... Je vous demande pardon pour ceux qui ne croient pas, qui n'adorent pas, qui n'espèrent pas et ne vous aiment pas. » L'intention missionnaire est manifeste dès ce premier dialogue : le message de Fatima a pour objet le salut des hommes. L'ange prononce aussi la formule « les Cœurs de Jésus et de Marie », qui tiendra une grande place dans la suite des communications célestes. François – qui voit les apparitions mais n'entend pas les paroles – ne sait pas ce que veut dire la phrase de l'ange : « Les Cœurs de Jésus et de Marie sont attentifs à vos supplications » et se la fait expliquer par Lucie, qui la lui rapporte.

A la deuxième apparition de 1916, l'ange leur recommande expressément les prières et les sacrifices et donne cette précision : « Attirez ainsi la paix sur votre patrie. Je suis son ange gardien, l'ange du Portugal. » S'ajoutant au thème du salut des pécheurs, celui de la paix apparaît pour la seconde fois. Une paix qui concerne pour l'instant le seul Portugal, en cette terrible guerre où il est engagé depuis quelques mois. S'ajoute, sur le plan intérieur, un état d'anarchie endémique depuis l'assassinat du roi Charles 1er, avec l'instauration de la République, la Constitution de 1911 et le long cortège de coups de force militaires et de révolutions qui s'ensuivent. Du côté religieux, la Constituante a dissous les congrégations et institué la séparation de l'Église et de l'État.

La troisième fois que l'ange apparaît, au début d'octobre 1916, se déroule une action mystique beaucoup plus extraordinaire que tout ce qui a précédé. On l'a définie à juste titre comme une « théophanie eucharistique ». Voici comment Lucie l'évoque : « Nous nous sommes relevés pour voir ce qui se passait et nous avons revu l'ange qui tenait dans sa main gauche un calice, sur lequel était suspendue une hostie de laquelle tombaient quelques gouttes de sang dans le calice. L'ange laissa le calice suspendu en l'air et s'agenouilla près de nous et nous fit répéter trois fois : “ Très Sainte Trinité, Père, Fils et Saint-Esprit, je vous offre le très précieux Corps, Sang, Âme et Divinité de Jésus-Christ présent dans tous les tabernacles du monde, en réparation des outrages, sacrilèges et indifférences par lesquels Il est Lui-même offensé. Et par les mérites infinis de son Très Saint Cœur et du Cœur immaculé de Marie, je vous demande la conversion des pauvres pécheurs ”. » Puis il fait communier les trois enfants, donnant l'hostie à Lucie et partageant le sang du calice entre les deux petits.

V

Plus brillante que le soleil
Des animaux effrayants et inconnus
Quand vous verrez une nuit éclairée
par une lumière inconnue

« Voici, Excellence, plus ou moins, comment se sont passées les sept premières années de Jacinthe, lorsqu'apparut, beau et riant comme tant d'autres jours, le 13 mai 1917. Nous avions choisi ce jour-là, par hasard, ou plutôt par dessein de la Providence, pour faire paître notre troupeau, la propriété appartenant à mes parents au lieu appelé " Cova da Iria. " Choisissant, comme d'habitude, quel serait le pâturage du jour, près du Barreiro, dont je vous ai déjà parlé, Excellence, et nous devions pour cela traverser un terrain inculte, ce qui doubla notre long chemin. Nous devions donc aller lentement afin que les brebis puissent paître en chemin et ainsi nous arrivâmes vers midi... »

Une fois rendus, leur repas pris et le chapelet récité, les trois enfants peuvent penser à jouer. Ils décident ce jour-là de construire un mur, avec des pierres, autour d'un buisson. Mais un éclair déchire le ciel, ou du moins c'est ce à quoi ressemble la lumière soudaine qui leur fait lever la tête. En sa qualité d'aînée, Lucie estime que, devant le danger d'orage, il vaut mieux rentrer à la maison avant qu'il soit trop tard, par le chemin le plus court possible (il y a plus de trois kilomètres à parcourir). On pousse les moutons sur la pente, en direction de la route. Il n'est plus question de faire brouter les blancs moutons mais de gagner du temps. Et l'on arrive ainsi, à mi-pente, au lieu-dit la Cova da Iria. « Cova, explique le Père Castelbranco, veut dire : trou, fosse ; et au figuré : bas-fond. Cova da Iria est une sorte de vaste cuvette entourée de collines, formant un magnifique amphithéâtre naturel, capable de recevoir de grandes foules. » Une partie du site appartient aux parents de Lucie.

Un nouvel éclair se produit et ils voient alors, audessus d'un petit chêne vert, « une Dame vêtue de blanc, plus brillante que le soleil, qui rayonnait une lumière plus vive et plus intense qu'une coupe de cristal remplie d'eau pure, traversée par les rayons ardents du soleil. » Comme ils la regardent émerveillés sans savoir qui elle peut être, elle les rassure :

– N'ayez pas peur, je ne vous ferai pas de mal.

Lucie pose une question bien naturelle :

– D'où venez-vous ?

On traduit généralement cette phrase par : « D'où vient Votre Grâce ». C'est la formule qu'on emploie pour parler à des supérieurs en portugais : *Vossemecê,* qui correspond à l'espagnol *Su Merced,* ou *Vuestra Merced,* contracté en *Usted.*

La première réponse de la Vierge est imprécise :

– Je suis du Ciel.

A une nouvelle question de la fillette, elle formule plusieurs demandes : que les enfants viennent au même endroit six mois de suite, tous les 13 (elle dira ensuite seulement qui elle est et ce qu'elle veut) ; que les enfants supportent toutes les souffrances que Dieu leur enverra en réparation des blasphèmes et pour obtenir la conversion des pécheurs ; qu'ils récitent le chapelet tous les jours.

Lucie se sent en confiance, elle pose quelques questions personnelles : si deux jeunes filles de sa connaissance mortes récemment sont au ciel, si eux-mêmes iront. En ce qui concerne François, la Dame répond affirmativement, à condition qu'il récite aussi son chapelet; on peut y voir une allusion à l'orthodoxie relative de la méthode François. Lequel jusqu'à ce moment ne bénéficie pas de l'apparition. Entendant que Lucie parle de lui, il lui dit :

– Moi, je ne vois personne là. Jette-lui une pierre pour t'assurer s'il y a quelqu'un.

Quand il a consenti à s'agenouiller pour réciter son chapelet, il voit à son tour la belle Dame, mais il continuera à ne pas l'entendre.

La première apparition contient déjà une allusion à la situation internationale :

– Récitez le chapelet tous les jours pour obtenir la paix du monde et la fin de la guerre, dit la Dame.

– *Vossemecê* peut-elle me dire si la guerre durera encore longtemps ou si elle va bientôt finir?

– Je ne puis te le dire encore, tant que je ne t'ai pas dit aussi ce que je veux.

« Ensuite Elle se mit à s'élever doucement dans la direction du Levant, jusqu'à disparaître dans l'immensité de l'espace, entourée d'une vive lumière qui semblait lui ouvrir un chemin à travers le firmament. »

A la seconde apparition, au même endroit, celle qui n'a pas encore dit son nom mais qui, dans l'esprit de tous ceux qui ont entendu parler du prodige – qu'ils y ajoutent foi ou non – à la suite des bavardages des deux plus jeunes, ne saurait être que « Notre Dame », annonce la mort prochaine – qui se produira effectivement – de Jacinthe et de François. Elle donne aux enfants la vision de son Cœur « entouré d'épines qui le perçaient de toutes parts ». Une cinquantaine de personnes étaient venues.

La troisième fois, le 13 juillet, en présence d' « une grande foule de gens », la Vierge donne aux enfants la vision de l'enfer que Lucie décrira de la façon suivante : « Elle ouvrit de nouveau les mains, comme les deux derniers mois. Le reflet parut pénétrer la terre et nous vîmes comme un océan de feu et, plongés dans ce feu, les démons et les âmes, comme s'ils étaient des braises, transparentes et noires, ou bronzées, ayant des formes humaines. Elles flottaient dans l'incendie, soulevées par les flammes qui sortaient d'elles-mêmes avec des nuages de fumée, tombant de tous côtés, semblables à la retombée des étincelles dans les grands incendies, sans poids ni équilibre, avec des cris et des gémissements de douleur et de désespoir qui horrifiaient et faisaient trembler de peur... Les démons se distinguaient par des formes horribles et répugnantes d'animaux effrayants et inconnus, mais transparents comme des charbons noirs embrasés... »

Les assistants les plus proches entendirent à ce moment la fillette pousser des cris de frayeur. M. Marto, le père de François et de Jacinthe, confiera à De Marchi : « Elle manifesta une vive émotion. Son visage devint livide et nous l'entendîmes crier : " Ah! Notre-Dame, Ah! Notre-Dame. " » La Vierge, après cette vision qui fut très brève, dit aux voyants : « Vous avez vu l'enfer où vont les âmes des pauvres pécheurs. Afin de les sauver, Dieu veut établir dans le monde la dévotion à mon Cœur immaculé. Si vous faites ce que je vous dirai, beaucoup d'âmes se sauveront et l'on aura la paix. »

Les deux thèmes déjà abordés par l'ange du Portugal sont donc développés ici : le salut des pécheurs et la paix dans le monde. Ce second thème fait l'objet d'une prophétie :

« La guerre va vers la fin, mais si l'on ne cesse pas d'offenser le Seigneur, sous le règne de Pie XI, il en commencera une autre pire.

« Quand vous verrez une nuit éclairée par une lumière inconnue, sachez que c'est le grand signe que

Dieu vous donne qu'il est prochain le châtiment du monde par la guerre, la famine et les persécutions contre le Saint-Père. »

L'auteur du présent livre, qui était petit garçon en 1938, garde parmi ses plus vifs souvenirs d'enfance celui de l'aurore boréale du 25 janvier de cette année-là. Tous les journaux d'Europe en ont abondamment parlé, on peut les consulter à la Bibliothèque nationale. Le *Bulletin de la Société astronomique de France* en indique l'ampleur : « Une aurore boréale d'une grandiose beauté a été visible en France et dans presque tous les pays d'Europe, depuis le mardi 25 janvier 1938, au soir, jusqu'au mercredi 26, au matin. En Suisse, dans le Jura, en Angleterre, comme dans les régions de l'ouest, du sud-ouest et du sud-est de la France, jusqu'en Provence, et plus au sud encore, en Italie et au Portugal, en Sicile et à Gibraltar, et même dans l'Afrique du Nord, le phénomène montra une intensité exceptionnelle pour ces latitudes. » Le spectacle est ainsi décrit : « Une lueur bleu verdâtre, pâle et jolie, envahit le ciel du nord-est au nord-ouest. Au-dessus, graduellement, le ciel s'embrase et une voûte rouge, irrégulière se forme. Une sorte de nuage empourpré se condense au nord-est et se déplace vers le nord-ouest comme poussé par un souffle mystérieux. Il se replie, ondoie, se dilate, s'évanouit, se ranime, tandis que d'immenses jets, dont la coloration passe du rouge sang au rouge orangé et au jaune, s'élancent vers le zénith, enveloppant les étoiles. Le spectacle est féerique et varié, animé de palpitations lumineuses, avec des extinctions et des recrudescences. »

On croit partout à un gigantesque incendie, on s'inquiète, un amiral croisant avec son escadre le long des côtes d'Afrique du Nord envoie un contre-torpilleur vers le lieu où il imagine un navire en flammes, des gens sont persuadés d'assister aux premières manifestations de la fin du monde, en Tunisie on y voit « un avertissement de la colère céleste ». Dans le nord de la France, terre d'invasions, beaucoup interprètent le signe céleste comme l'annonce de la guerre que l'on sent venir depuis la réoccupation de la Rhénanie et la constitution de l'Axe Rome-Berlin. Ils établissent ce rapprochement d'instinct, sans connaître la prophétie car, si Lucie l'a révélée dès 1927 à ses confesseurs, à la supérieure provinciale de l'ordre où elle est entrée, à l'évêque de Leiria et à un chanoine du diocèse spécialiste des apparitions, elle ne sera publiée, comme nous le verrons, qu'en 1942 par Pie XII.

N'y a-t-il pas lieu, la connaissant, d'être troublé par cette concordance ?

Mais la Vierge a annoncé cette guerre « sous le règne de Pie XI », ce qui à première vue est un anachronisme, puisque la guerre a éclaté sous son successeur Pie XII. Lucie confiera plus tard : « Nous ne savions pas si Pie XI serait un roi ou un pape ». Il est inutile de souligner qu'au moment de la prophétie, tout le monde ignorait que le prochain pape porterait le nom de Pie XI. Les enfants de la Cova da Iria n'avaient jamais entendu parler que du pontife régnant, qui était Benoît XV. Ils ont entendu et répété ce que leur disait la Vierge et celle-ci, en réalité, ne s'était pas trompée : Hitler envahit l'Autriche en mars 1938, les territoires des Sudètes en septembre de la même année. La guerre était donc virtuellement commencée sous le pontificat de Pie XI, qui devait mourir le 10 février 1939. On ne saurait s'étonner que Notre-Dame de Fatima n'ait pas cru aux Accords de Munich.

S'agissait-il bien, d'ailleurs, d'une aurore boréale ? Lucie, dans un des mémoires qu'elle rédigera plus tard à la demande de son évêque, écrit : « Vous n'ignorez pas, Excellence, comment, il y a quelques années, Dieu a manifesté ce signe que les astronomes voulurent désigner sous le nom d'aurore boréale. Je ne sais pas, mais il me semble que si on examinait bien la chose, on verrait que ce n'était pas et ne pouvait être une aurore boréale, étant donné la façon dont elle s'est présentée. Mais, quoi qu'il en soit, Dieu s'est servi de cela pour me faire comprendre que Sa justice était prête à frapper les nations coupables... »

Elle évoque aussi ce que lui disait la petite Jacinthe, avant de mourir en 1920 : « (Je pense) à la guerre qui va venir. Tant de gens qui vont mourir. Et presque tous vont en enfer. Beaucoup de maisons seront détruites et beaucoup de prêtres tués. Vois! moi je vais au ciel et toi quand tu verras, la nuit, cette lumière dont cette Dame nous a dit qu'elle viendrait avant la guerre, sauve-toi aussi là-haut! »

Mais la prophétie du 13 juillet est double. La Vierge n'a pas parlé seulement de la guerre, elle a prédit « des persécutions contre l'Église et le Saint-Père », comme le montre la suite du message :

« Pour empêcher cela, je viendrai demander la consécration de la Russie à mon Cœur immaculé et la communion réparatrice les premiers samedis.

« Si l'on écoute mes demandes, la Russie se convertira et l'on aura la paix. Sinon, elle répandra ses erreurs par le monde, provoquant des guerres et des persécutions contre l'Église ; beaucoup de bons seront martyrisés, le Saint-Père aura beaucoup à souffrir ; plusieurs nations seront supprimées. »

La Russie ne parlait pas beaucoup plus à l'esprit des enfants que le mystérieux Pie XI. Jacinthe suggéra même qu'il devait s'agir d'une femme très méchante. Il n'était bien entendu pas question de l'URSS, qui ne sera fondée que cinq ans plus tard. Les apparitions se placent entre la révolution de Février et la révolution d'Octobre (6 novembre 1917 selon notre calendrier grégorien). Qui pouvait prédire alors que la Russie se distinguerait en répandant ses erreurs par le monde, que de nombreuses nations seraient supprimées par incorporation à l'Union soviétique, que la sainte Russie aurait la palme des persécutions contre l'Église, répandant le sang d'une légion de martyrs ? Qui pouvait prévoir le long règne du communisme, qui est loin d'être révolu, et la permanence des idées enfantées par ceux qui l'ont conçu ?

Nous trouvons ici la première mention de cette consécration de la Russie, sur laquelle Notre-Dame donnera des précisions plus tard, le 13 juin 1929, en apparaissant une nouvelle fois à Lucie à Tuy, en Espagne. Et elle lui permet de terminer sur une note d'espérance : « Mais enfin, mon Cœur immaculé triomphera. Le Saint-Père me consacrera la Russie qui se convertira et il sera concédé au monde un temps de paix. » Pour l'instant, elle intime à Lucie et Jacinthe l'ordre de n'en parler à personne, sauf à François qui, comme de coutume, voit l'apparition mais n'entend pas les paroles.

L'apparition de juillet comprend les deux premières parties du secret de Fatima, c'est-à-dire des révélations que les enfants doivent garder pour eux jusqu'à nouvel ordre ; la première est la vision de l'enfer, la deuxième est la prophétie concernant la Russie et la paix du monde. Dans un de ses Mémoires, sœur Lucie écrira : « Le Secret comprend trois choses distinctes et j'en dévoilerai deux. »

Quant à la troisième, à laquelle nous consacrons l'essentiel de ce livre, elle a été livrée aux enfants le même jour de juillet, et on en trouve l'amorce dans le texte qui a été rendu public par le pape en 1942. Reprenons la fin du paragraphe que nous avons déjà transcrit : « ... le Saint-Père aura beaucoup à souffrir ; plusieurs nations seront supprimées. »

Dans un de ses Mémoires (le troisième), Lucie enchaîne avec : « Mais enfin, mon Cœur immaculé triomphera... » Dans le quatrième Mémoire, elle ajoute : « Au Portugal se conservera toujours la foi de la foi, etc. »

Que le lecteur conserve bien en mémoire ce « etc. » Il correspond à la partie du message dissimulée jusqu'à aujourd'hui, celle qui, après bien des aléas, est allée aboutir à Rome dans une enveloppe cachetée que cinq papes ont gardée, les uns sans l'ouvrir, les autres en la refermant après l'avoir ouverte, dans un petit coffre portant l'étiquette *Secretum Sancti Officii* (Secret du Saint-Office).

Il faut penser que cette troisième « chose » est bien redoutable, puisque sa divulgation paraît entraîner plus de conséquences que la vision de l'enfer accordée à trois petits bergers et les révélations sur la Russie soviétique porteuses de complications diplomatiques avant la chute du Rideau de fer.

VI

La colère des paysans – Le bourreau d'enfants « Que veut de moi Vossemecê? » – La guerre va finir

Le rendez-vous du 13 août, comme nous l'avons vu, n'a pu avoir lieu. Voici comment se sont passées les choses. L'atmosphère politique antireligieuse du Portugal en ce temps-là s'accommodait mal des mouvements de foule suscités par les apparitions de la Cova da Iria, de cette « vague mystique » incontrôlable menaçant de s'étendre à tout le pays et de compromettre les efforts des libres-penseurs pour renvoyer aux vieilles lunes la foi en Dieu, encore plus en la Vierge. Le responsable local était un ferblantier au nom d'Artur Oliveira Santos, personnage assez fruste qui s'était taillé une place dans la politique grâce à un journal fondé par lui, *O Ouriense,* à diffusion géographiquement restreinte, mais on sait l'importance à cette époque – et non seulement au Portugal – de ces feuilles, nombreuses alors et qui ont presque totalement disparu.

Oliveira Santos avait aussi fondé une loge maçonnique dans le chef-lieu du canton qu'il administrait, Vila Nova de Ourem. Il avait sous sa juridiction Fatima et le hameau d'Aljustrel habité par les petits voyants. On peut imaginer le tort que lui causaient dans l'esprit de ses pairs les visites de la Vierge Marie, qu'il se montrait incapable d'empêcher. Aussi conçut-il un plan pour qu'il n'y en eût pas le 13 août et qu'il n'y en eût plus jamais. Selon sa façon de comprendre les choses, tout se passait dans l'imagination des pastoureaux. Donc, pas de voyants, pas d'apparitions. La meilleure manière de les empêcher de se rendre près du chêne vert, c'était de les enlever. C'était en vérité la seule, car ils se montraient têtus comme des bourriques.

En sa qualité de substitut du juge cantonal, il convoque les enfants avec leurs pères : celui de François et Jacinthe, Ti Marto, et celui de Lucie, Antonio. Ti Marto décide d'y aller seul et parcourt à pied en compagnie de son beau-frère et de Lucie les trois lieues qui séparent leurs fermes du bureau de l'Administration. Au cours de l'interrogatoire, Antonio fait preuve d'incrédulité au sujet des apparitions, tandis que Ti Marto affirme, malgré les sarcasmes : « Je crois à ce qu'ils disent ! » Mais comme tous les intéressés ne sont pas là – il n'y a qu'un enfant sur trois –, Oliveira Santos doit remettre à plus tard l'exécution de son plan et en raffiner les détails.

C'est le 13 août au matin qu'il choisit pour agir par surprise. Il arrive à l'improviste chez Ti Marto et lui dit qu'il veut lui aussi « assister au miracle » : « Nous allons y aller tous, j'emmène les petits dans ma voiture. Voir et croire, comme saint Thomas, voilà ce que je veux. » Ces paroles, qui ressemblent étrangement à celles du roi Hérode aux mages : « Quand vous L'aurez trouvé, revenez me le dire, pour que moi aussi j'aille L'adorer », provoquent chez le paysan un sentiment de malaise. Mais les « petits », il faut d'abord qu'ils rentrent avec les brebis, ce qui prend un certain temps. Le ferblantier ronge son frein ; dès qu'ils pointent le nez, il veut les faire monter dans sa voiture, ils refusent. Pour les mettre en confiance, il décide de les emmener chez le curé afin de leur faire poser par celui-ci quelques questions. Un interrogatoire de plus parmi ceux qui leur ont déjà été infligés et qui seront leur lot pendant des années encore. Les réponses de Lucie font songer au procès de Jeanne d'Arc :

– Ceux qui répandent de pareils mensonges comme ce mensonge que vous avez dit seront jugés et iront en enfer, s'ils ne disent pas la vérité.

– Si ceux qui mentent vont en enfer, alors je n'irai pas en enfer, parce que je ne mens pas, et que je dis seulement ce que j'ai vu et ce que la Dame m'a dit. Et quant au peuple qui va là, il y va parce qu'il le veut bien. Nous n'appelons personne.

Pendant cette diversion, la voiture de l'administrateur a été amenée au bas des marches du perron et il y fait monter les trois enfants par surprise en disant que l'on va être en retard. « Le cheval partit en trottant en direction de la Cova da Iria, raconte Ti Marto, et je me sentis un peu soulagé. Mais en arrivant sur la route, il changea brusquement de direction, et un bon coup de fouet le fit partir comme un trait vers Vila Nova de Ourem. Le coup avait été bien organisé ! »

En chemin, des pèlerins se rendant à la Cova comprennent ce qui se passe et lancent des pierres à la voiture. Le ferblantier couvre les enfants d'une couverture pour les dissimuler. Sur place, des groupes de paysans se forment dans l'intention de régler son compte à l'administrateur et au curé, qu'ils estiment complice. Ils sont difficilement retenus par Ti Marto. On évalue la colère qui les avait saisis en lisant la mise au point que le curé publiera à la suite de l'incident dans les journaux, dont celui d'Oliveira Santos, *O Ouriense* :

« Mon cœur de prêtre catholique se doit... de crier devant le monde entier que je n'ai pris aucune part, si petite soit-elle, directement ou indirectement, à l'acte odieux et sacrilège qui a été commis par le brusque enlèvement des enfants qui, dans cette paroisse, disent avoir vu Notre-Dame... L'Administrateur ne m'a pas confié le secret de ses intentions. Il est providentiel que les esprits, soulevés par ce bruit diabolique, se soient calmés. Autrement, cette paroisse aurait aujourd'hui à déplorer la mort de son curé, comme complice de cet enlèvement... A quelles fins a-t-on choisi ma maison ? Je ne sais pas. Je sais seulement que je décline toute responsabilité au sujet d'un tel procédé... »

Et tandis que la Vierge se manifestait à la Cova da Iria par plusieurs signes dont nous avons parlé plus haut, les trois pastoureaux étaient séquestrés dans la maison de l'administrateur. Celui-ci va, pendant trois jours, tout tenter pour les faire parler et l'on s'aperçoit que le grand souci de ce mécréant est de connaître le secret. Il ne croit pas à la Vierge, mais il veut savoir ce qu'elle a dit. Les épreuves imposées aux voyants peuvent paraître grand-guignolesques, elles sont odieuses si l'on songe à leur âge et à l'innocence qui les porte à prendre au sérieux les simagrées de ce pitre. Il les fait enfermer à la prison de la ville avec les « droit commun », donne l'ordre devant eux de préparer une chaudière d'huile bouillante, les fait appeler l'un après l'autre par un pandore à l'aspect terrifiant. Quand il vient chercher François, il lui annonce que sa petite sœur est « déjà frite » et qu'il va y passer à son tour. La même méthode est employée pour Lucie.

Et voici le raffinement le plus ignoble de ce misérable : lorsque les trois enfants sont rassemblés et remercient le Ciel d'avoir échappé à cette mort atroce, il leur annonce qu'il n'en est rien et que c'est tous les trois en même temps qu'ils vont être jetés dans la chaudière.

Le tortionnaire ne lâchera prise que le 15 août, n'ayant réussi qu'à donner consistance à ce qu'il niait : que, devant la mort, ces trois enfants de 7, 9 et 10 ans aient maintenu ce qu'ils disaient et refusé de livrer ce qu'ils ne voulaient pas dire est, sinon une preuve, du moins une forte présomption de leur véracité. « Je crois aux témoins qui se font tuer. »

Les voici enfin libérés, mal accueillis, au moins par les parents de Lucie : « Comme seule réjouissance pour mon retour, on m'envoya immédiatement prendre le troupeau et le conduire au pâturage. Mon oncle et ma tante désiraient garder leurs enfants à la maison et, pour cela, ils envoyèrent à leur place leur frère Jean. Comme il se faisait déjà tard, nous restâmes près de notre hameau, aux Valinhos. »

C'est aux Valinhos, le dimanche suivant, qu'après la messe Lucie et François sentent « quelque chose de surnaturel qui s'approchait et nous enveloppait ». Jacinthe n'est pas là, ils l'envoient chercher par Jean. Notre-Dame l'attend. La quatrième apparition a lieu, elle sera suivie en septembre de la cinquième. Les paroles de la Vierge en ces deux circonstances tournent autour des thèmes suivants : elle les incite à continuer à aller à la Cova da Iria les 13 septembre et octobre, confirmant que ce dernier jour, elle fera le miracle qu'elle a promis. Cependant : « Si on ne vous avait pas enlevés à la ville, le miracle aurait été plus grandiose. » Le même jour, la sainte Famille sera réunie, car saint Joseph viendra avec l'Enfant Jésus « pour bénir le monde », « pour donner la paix au monde ». Il faut que les enfants continuent à prier et à se sacrifier pour les pécheurs : « car beaucoup d'âmes vont en enfer parce qu'il n'y a personne qui se sacrifie et prie pour elles ».

Enfin, elle se préoccupe de la piété populaire, mentionnant les formes sous lesquelles elle désire être priée : Notre-Dame du Rosaire, Notre-Dame des Douleurs, Notre-Dame du Carmel. Elle donne des instructions pour la procession qui devra être faite et la chapelle qu'elle veut que l'on construise sur le lieu des apparitions.

Nous avons raconté le prodige du 13 octobre tel

qu'en ont été témoins les assistants. Du côté des trois petits bergers, la vision a d'abord été celle qui maintenant leur est familière : l'éclair, ou plutôt la lumière incomparable qui illumine le ciel, puis Notre-Dame apparaissant au-dessus du même petit chêne vert auquel il reste de moins en moins de feuilles et de ramilles parce que les pèlerins les emportent comme reliques. Lucie, la seule à parler, demande à son habitude :

– Que veut de moi *Vossemecê*?

– Je veux te dire que l'on fasse ici une chapelle en mon honneur...

Et selon sa promesse, elle dit qui elle est :

– Je suis la Dame du Rosaire.

Ses autres demandes? Que les enfants continuent à réciter le chapelet tous les jours, que l'on n'offense plus Notre-Seigneur qui est trop offensé.

Elle renouvelle une prédiction :

– La guerre va finir, et les soldats rentreront bientôt chez eux.

Aux grâces particulières (guérisons, conversions) que Lucie sollicite pour l'un ou l'autre de ceux qui l'ont prise comme ambassadrice, la Vierge met une condition :

– Il faut qu'ils se convertissent, qu'ils demandent pardon de leurs péchés.

La Dame n'est visible qu'aux yeux des enfants. Cependant, les assistants voient comme le mois précédent trois nuées se former successivement à l'endroit de l'apparition et monter dans l'air, trois nuées qui ne sont pas des fumées d'encensoir, qui n'ont pas d'origine physique identifiable.

Lucie crie : « Elle s'en va! Elle s'en va! » puis : « Regardez le soleil! »

« Voici, Excellence, le motif pour lequel j'ai crié que l'on regarde le soleil. Mon but n'était pas d'attirer l'attention du peuple, car je ne me rendais même pas compte de sa présence. Je le fis seulement poussée par un mouvement intérieur qui m'y entraînait. Notre-Dame ayant disparu dans l'immensité du firmament, nous avons vu, à côté du soleil, saint Joseph avec l'Enfant Jésus et Notre-Dame, vêtue de blanc avec un manteau bleu. Saint Joseph et l'Enfant semblaient bénir le monde avec des gestes qu'ils faisaient de la main, en forme de croix. Peu après, cette apparition s'étant évanouie, j'ai vu Notre-Seigneur et Notre-Dame, qui me donnait l'impression d'être Notre-Dame des Douleurs. Notre-Seigneur semblait bénir le monde de la même manière que saint Joseph. Cette apparition disparut et il me sembla voir encore Notre-Dame sous l'aspect de Notre-Dame du Carmel. »

VII

Les années 17 – Les derniers Carbonari
Une situation explosive – « La faute de la Vierge »

Les apparitions de Fatima n'ont pas eu lieu *sine tempore,* à une date quelconque de l'Histoire. Pourquoi 1917 et non pas 1914, par exemple, ou 1939, des dates-clés marquant le début de quelque événement capital dont on se souvient ? Mais 1917 est justement une date-clé, et à un titre plus éminent, car elle rappelle ou annonce des tournants qui conditionnent l'évolution à la fois politique et religieuse du monde. En 1517, un certain Martin Luther affiche sur le portail de l'église du château de Wittenberg les 95 thèses qui déclencheront la Réforme. En 1717, est fondée à Londres une « grande Loge » qui sera la mère, à travers les Constitutions d'Anderson, de la franc-maçonnerie universelle. En 1917, peu après le miracle du soleil à Fatima, la révolution d'Octobre donnera naissance au régime bolchevique. Trois courants de pensée et trois mouvements qui découlent l'un de l'autre.

Sans accorder une importance excessive à la numérologie, on ne peut manquer d'être frappé de ces concordances de dates.

Quand la Vierge apparaît à trois petits bergers, on célèbre le bicentenaire de la franc-maçonnerie, il donne lieu à des festivités dans de nombreux pays. La franc-maçonnerie s'est implantée au Portugal en

1727, à la suite d'un traité commercial anglo-portugais qui instaurera une influence britannique capitale sur le petit royaume; elle a gagné peu à peu tous les rouages de l'État, elle est devenue toute-puissante, dans sa forme la plus antireligieuse.

Pour le lycéen moyen, l'histoire du Portugal s'arrête à Henri le Navigateur et Vasco de Gama. On connaît mal, par conséquent, les secousses qui l'ont marquée au cours des XVIIIe et XIXe siècles. Depuis l'expulsion brutale des jésuites en 1759 par le marquis de Pombal, la lutte antireligieuse sera un fait presque constant de la politique intérieure portugaise. Les contrecoups de la Révolution française et les invasions napoléoniennes conduisent à plusieurs années de guerre civile. En 1834, le ministre Aguiar supprime les ordres religieux, comme l'avaient fait en France les révolutionnaires de 1789, les biens ecclésiastiques sont confisqués. La persécution s'atténue pendant quelques dizaines d'années mais une nouvelle ère anticléricale est inaugurée par l'option républicaine des francs-maçons sous l'influence des événements qui font suite en France à la chute de l'Empire. Le Parti républicain s'est organisé à la façon des Carbonari : par groupes de vingt constituant autant de « ventes », avec une Haute Vente formant le conseil suprême. Ce sont deux Carbonari qui assassinent en 1908 le roi Carlos. La république est instituée en 1910, immédiatement suivie de la remise en vigueur des lois Pombal : suppression des ordres, religieux expulsés, jésuites privés de leur nationalité portugaise. Les églises sont pillées, les couvents mis à sac, ce qui se poursuivra longtemps, puisque pour la seule année 1917 un historien a dénombré cent onze pillages d'églises, parfois avec profanation du Saint-Sacrement, dont quarante-deux à Lisbonne.

L'enseignement religieux est proscrit dans les écoles, le port de la soutane interdit, les cimetières sont sécularisés : les Portugais ne peuvent plus être inhumés « en terre chrétienne », on va jusqu'à restreindre la sonnerie des cloches pour les cérémonies du culte. Enfin, est votée la loi de séparation de l'Église et de l'État, à l'instigation d'Afonso Costa, auteur de la proclamation célèbre : « Grâce à cette loi de séparation, dans deux générations, le catholicisme sera complètement éliminé du Portugal. » Le divorce est légalisé, ce qu'on appellerait aujourd'hui la libération sexuelle s'empare de la société, les mœurs patriarcales disparaissent au profit d'un dévergondage généralisé, on constate à Lisbonne un énorme taux de prostitution, la criminalité sévit. A cette persécution s'ajoute une crise économique sans précédent, la guerre dans laquelle le Portugal est entré n'arrangeant rien.

Les catholiques organisent la résistance, créent un mouvement à la fois apostolique et politique, le CADC, Cercle académique de démocratie chrétienne. Le gouvernement réplique en exilant le patriarche de Lisbonne ainsi que de nombreux évêques et en emprisonnant de nombreux prêtres.

C'est dans cette situation explosive que la Sainte Vierge est apparue à la Cova da Iria. On comprend qu'elle se soit fait annoncer par l'Ange du Portugal.

On comprend mieux aussi l'audace et le cynisme du ferblantier de Vila Nova de Ourem, administrateur d'un régime sectaire alors tout-puissant, les mômeries de Santarem que nous racontons ci-après, la colère des paysans, la prudence du curé, le courage des enfants et de leurs familles – principalement celle de François et Jacinthe.

Le message de Fatima a un sens surnaturel, certes, mais aussi politique, et il montre par son contenu que les deux choses sont liées. Les apparitions auront d'ailleurs des conséquences politiques immédiates sur le Portugal. Le prodige solaire avait eu lieu le samedi 13 octobre. Or le lendemain se déroulaient les élections municipales et la toute-puissance du parti allait être sérieusement ébréchée : à Lisbonne, il perdait 95 000 voix, tandis que le CADC faisait d'une façon tout à fait inattendue un bond en avant. A Leiria, il emportait une large majorité. Dans tout le pays, les républicains enregistraient un net recul.

Les quotidiens du lundi durent encaisser le choc. *O Seculo* n'avait d'autre ressource que de faire voisiner à la Une les deux derniers événements : la danse du soleil et l'échec du parti au pouvoir. La relation de cause à effet était si apparente qu'un autre journal, *O Dia,* n'hésitait pas à poser la question : « Ne serait-ce pas la faute de la Vierge ? »

C'est le rapprochement que n'ont certainement pas manqué de faire certains politiciens qui, les derniers temps, commençaient à se demander si l'anarchie généralisée n'était pas une conséquence de la persécution religieuse. L'expression employée par *O Dia*, la « faute » de la Vierge, suggère pourtant plutôt une rage contenue que la reconnaissance d'une erreur politique majeure.

Si quelques dirigeants lucides font leur examen de conscience, la base va s'abandonner à cette rage d'une façon démonstrative. Le 23 octobre dans la nuit, des ombres se dirigent vers la Cova da Iria, elles sont guidées dans la dernière partie du parcours par les deux lanternes de fer blanc suspendues au portique et que des mains pieuses gardent allumées en permanence. Ce sont, selon les rapports, deux ou trois hommes, peut-être un peu plus, qui appartiennent à la « vente » locale. Ils décrochent les lanternes, les humbles croix faites avec des branches, abattent les poteaux, se précipitent sur le chêne vert, qu'ils coupent, et emportent le tout dans une automobile qu'ils ont amenée le plus près possible. Le lendemain, ils exposent le fruit de leur rapine dans une maison de Santarem, avec entrée payante au profit des cantines scolaires. Lucie raconte qu'elle se précipita à la Cova dès qu'elle sut ce qui était arrivé, pour constater avec joie que les misérables s'étaient trompés de chêne vert et qu'ils n'avaient pas emporté celui des apparitions. Mais ils n'en firent pas moins le soir du même jour, à travers les rues du chef-lieu, une procession sacrilège en exhibant le petit arbre ainsi que les autres objets qu'ils avaient volés. La réprobation fut quasi unanime, une femme leur lança d'une fenêtre un seau d'eau, les journaux jugèrent sévèrement la pantalonnade.

Le même mois, un manifeste libertaire était répandu où l'on pouvait lire : « Citoyens, on veut ramener le peuple portugais au Moyen Âge pour l'abrutir et le bestialiser ! A nous qui sommes instruits de montrer au peuple la bêtise du surnaturel ! Les lois de la nature sont immuables et il n'y a pas de miracles. » Un grand nombre de pamphlets se répandit, dont l'un, reproduit par De Marchi, commence ainsi : « Aux libéraux portugais ! La réaction déchaînée ! Contre la honteuse spéculation et la comédie ridicule de Fatima, l'Association du mariage civil et la Fédération portugaise de la libre-pensée protestent énergiquement. »

Puis, le premier dimanche de décembre, les Carbonari décidèrent de frapper un grand coup. Ils annoncèrent à cor et à cri la tenue d'un grand congrès de la libre-pensée sur les lieux mêmes du miracle. Les discours seraient prononcés devant l'église de Fatima, puis on se porterait en masse à la Cova pour démasquer la superstition et « protester contre la spéculation cléricalo-mercantile qui se fait à Fatima ».

Les congressistes auraient pu se réunir dans une cabine téléphonique s'il y en avait eu à cette époque : ils étaient six, d'autres disent huit, parmi lesquels le ferblantier Oliveira Santos et trois délégués d'une association de Lisbonne. Le nombre des gendarmes mobilisés pour protéger la manifestation dépassait de loin celui des participants. A la honte du fiasco, ils durent en ajouter une autre : remplissant leur programme, ils se dirigèrent, suivis par la maréchaussée, vers le lieu des apparitions pour y conspuer une nouvelle fois les forces « cléricalo-réactionnaires ». Les paysans avaient préparé une réception de leur façon : une demi-douzaine d'ânes attachés à des arbres se mirent à braire à leur arrivée ; au pied du chêne vert – le vrai – avaient été préparés de la paille et du fourrage ; des garçons grimpés dans les arbres ponctuèrent les discours d'invocations pieuses claironnées à tue-tête. Il y eut des poursuites à travers la lande où les gendarmes perdirent leur peine, les jeunes paysans, et même trois femmes venues les rejoindre après la messe, ayant une vieille habitude des lieux.

La différence était gigantesque entre ce congrès raté et celui de 1911 où les libéraux au grand complet se félicitaient des lois antireligieuses qu'ils venaient de promulguer.

VIII

Le président assassiné – La camionnette fantôme
La statue « du » Gilbert
La cavalerie portugaise contre Notre-Dame

Le congrès ridicule était le chant du cygne des libéraux. Deux jours plus tard éclatait un coup d'État qui portait à la tête du pays Sidonio Pais, nommé par la junte président de la République et chef du gouvernement dictatorial. Cela se passa le 8 décembre, jour de l'Immaculée Conception et fête patronale du Portugal : les catholiques portugais y verront un nouveau signe du Ciel car, malgré ses attaches et son passé, le nouveau président allait mettre un terme à la persécution religieuse et cela dès le lendemain, comme si telle avait été la partie la plus urgente de son programme.

Doit-on l'attribuer à la vague de conversions suscitée par les apparitions ? Il semble en tout cas qu'une aventure intérieure se soit dessinée chez Pais, catalogué jusqu'alors comme franc-maçon et libre-penseur, et qui faisait partie du gouvernement précédent. Le secrétaire général de l'Assemblée nationale, Costa Brochado, dira plus tard au chanoine Barthas que « pour lui, Sidonio Pais était un converti de Fatima, car il se sentait soutenu dans son action par la Sainte Vierge ».

On doit reconnaître, en tout cas, qu'il mit les bouchées doubles. Le patriarche de Lisbonne et les évêques exilés reçoivent l'autorisation de rentrer, les édifices religieux confisqués par l'État sont rendus au culte, le nouveau président supprime la commission chargée d'exécuter la loi de séparation de l'Église et de l'État et – chose inouïe – on le voit, en mai 1918, assister à une messe à la cathédrale pour les soldats morts à la guerre. Il ne s'en tient pas là, il rétablit les relations diplomatiques du Portugal avec le Vatican, laisse revenir les congrégations dissoutes et prépare une loi pour rétablir les jésuites dans leurs prérogatives. Un courant d'air frais souffle sur l'Église du Portugal, elle peut réorganiser ses séminaires, où les candidats se pressent, et ses mouvements d'action catholique, développer sa presse, réduite à quelques feuilles diocésaines.

Il est inutile de dire que les amis politiques de Sidonio Pais ne l'entendent pas de la même oreille; en peu de temps il devient leur ennemi juré, ils se promettent de l'éliminer et, un an après son arrivée au pouvoir, il est l'objet de deux attentats successifs, dont le deuxième a raison de lui. Il s'est montré intrépide jusqu'au bout: « Averti de ne pas prendre le train parce qu'on devait l'assassiner, écrit Costa Brochado, il déclare qu'un chef d'État ne doit pas modifier ses déplacements pour un motif de ce genre. Frappé dans la gare même de Rossio, à Lisbonne, il achève de mourir sur une table d'opération à l'hôpital Saint-Joseph, avec un crucifix sur sa poitrine déchirée par les balles. »

Le bref passage de Sidonio Pais fut plus qu'une éclaircie: le pouvoir maçonnique reconstitué ne se jugera pas assez sûr de lui pour revenir sur la liberté religieuse, les décrets ne seront pas abrogés. On peut remarquer qu'en très peu de temps s'étaient réalisées deux des prophéties de la Vierge: « Le Portugal conservera le dogme de la foi ... » (il s'agit bien du Portugal en tant qu'État, qui renonce à son athéisme officiel) et : « La guerre va vers la fin... » : Sidonio Pais a retiré les troupes portugaises dès avril 1918 du théâtre des opérations, où il ne restera que quelques effectifs de volontaires : les soldats ont pu rentrer chez eux.

Les libéraux n'ont pourtant pas abdiqué ; ils sentent que la nouvelle donne est en rapport avec les apparitions et, pendant plusieurs années, vont diriger leurs attaques contre Fatima. Or, au lieu que l'attraction s'atténue avec le temps, les pèlerins sont toujours plus nombreux chaque 13 du mois, on les comptera dans quelques années par centaines de mille. En éliminant les effets, ils imaginent supprimer la cause et l'affluence des fidèles est l'effet le plus spectaculaire. Maria Carreira, dont nous avons déjà parlé, décrit la scène qui se déroule chaque fois :

« Il y avait des gens du pays et des gens qui venaient de loin. Les hommes arrivaient avec un bâton et leurs provisions sur le dos ; les femmes, avec leurs petits enfants sur les bras ; il y avait même des vieux qui venaient et qui n'avaient plus guère de forces. Tous s'agenouillaient auprès du chêne vert où Notre-Dame était apparue. Personne ne paraissait déçu, personne ne paraissait fatigué. On ne vendait rien ici, pas même un verre d'eau, ni un verre de vin, absolument rien ! Ah ! quel riche temps c'était pour la pénitence. »

Pour le 13 mai 1920, jour où l'on devait en principe introniser la statue commémorative des apparitions, les autorités civiles décidèrent d'en finir. Dès le 24 avril, l'administration est sur le pied de guerre : lettre du gouvernement civil du district à l'administrateur de Vila Nova de Ourem, qui est toujours notre ferblantier-bourreau d'enfants, ordonnant de prendre des sanctions légales contre les organisateurs de la manifestation, consignes aux *regedores* des paroisses du canton (fonctionnaires chargés de la police), mise à la disposition de l'administrateur de la garde municipale, augmentée d'une force armée importante que le commandant militaire a accepté d'envoyer. L'objectif est double : barrer les routes d'accès et installer un cordon sanitaire autour de la Cova.

Nous avons un témoin du plus grand intérêt, par sa faculté de raconter et par sa connaissance du sujet : le chanoine Formigão, professeur au séminaire et au lycée de Santarem. Érudit et de caractère serein, il a été le premier à mener des investigations systématiques à Fatima. Il est sur place dès la cinquième apparition, fait subir aux enfants des interrogatoires serrés, qu'il consigne soigneusement. Il ne cessera par la suite de tout passer au crible d'un jugement critique qui le confirmera dans son impression première : les petits voyants ne racontent pas d'histoires.

Le 13 mai 1920 donc, le chanoine se rend à Vila Nova de Ourem avant le jour. Il fait un orage épouvantable. Ayant trouvé un coin pour se reposer dans une petite auberge en face de l'église, il est réveillé par un bruit de galop : un escadron de la Garde républicaine se dirige vers Fatima. On apprend que dans plusieurs cantons les administrateurs ont empêché la sortie des véhicules. L'affaire semble mal s'annoncer. Pourtant, la pluie ayant cessé, Formigão sort dans la rue : « Et voilà que je commence à voir passer des voitures, des charrettes, des automobiles, des camions, des gens à pied, des gens à cheval, un vrai défilé... De lourds chars à bancs, tirés par des mulets dont les grelots tintent, sont pleins de gens qui rient comme des perdus à voir la figure de l'Administrateur que je vois, planté au milieu de la rue, avec son canotier, passablement déconcerté, un sourire jaune au coin des lèvres... Il y a des charrettes ornées de guirlandes de fleurs, des automobiles trépidantes, qui font retentir leurs avertisseurs et leurs sirènes, de pesantes camionnettes haletantes, avec leur toit couvert de paniers à provisions et leurs rideaux qui s'agitent... »

Puisqu'il semble que l'on peut quand même passer, l'ecclésiastique se rend à Fatima à pied, par un sentier, en fin de matinée... pour retrouver sur la place du village une grande partie des équipages qu'il a vus défiler, « plusieurs milliers de personnes », précise-t-il. Jusqu'à midi, on a laissé faire, puis un ordre est venu de haut. La route est barrée par des forces d'infanterie et de cavalerie. Un homme qui veut franchir le barrage déclenche une charge, des paysans qui ne demandaient rien à personne reçoivent une volée de coups de plat de sabre. D'autres personnes, y compris des femmes de la bourgeoisie ne craignant pas de salir leurs belles robes, se lancent à travers champs sous la pluie qui a repris pour arriver coûte que coûte à la Cova, s'y agenouiller et y réciter le chapelet. « Y a-t-il là vraiment de quoi mettre en péril le régime ? » écrit Formigão. Mais oui, justement, comme la suite des événements le montrera.

Dernière vision du chanoine quand il reprendra son train : « Un honorable commerçant, républicain semble-t-il, invectivait l'administrateur du canton, qui s'opposait au progrès du pays et empêchait les affaires des commerçants. C'est stupide ! concluait-il. Imaginez que cette prohibition a causé plus de 20 000 escudos de préjudice, rien qu'aux loueurs de voitures de Tomar, d'Ourem et de Torres Novas. »

Le ferblantier allait pourtant être dédommagé de cette algarade. Les autorités du district lui envoyaient quinze jours plus tard une lettre de félicitations qui commençait ainsi :

« Monsieur,

La Fédération portugaise de la Libre-Pensée vient vous faire part de ses sentiments de profonde sympathie pour la manière hautement républicaine et libre-penseuse avec laquelle vous avez agi à propos du prétendu miracle de Fatima, au moyen duquel la Réaction jésuite et cléricale prétend exploiter l'ignorance populaire... »

La statue, par précaution, n'avait pas été mise en place. C'était la statue en bois peint qu'un homme de la région, « le Gilbert », avait fait faire à ses frais et dont l'image a depuis parcouru le monde. Elle sera cachée chez Maria Carreira et portée à la Cova seulement les jours de fête. Précaution justifiée si l'on pense à l'attentat du 6 mars 1922. Cette nuit-là, une terrible explosion réveillait les habitants de ces lieux si tranquilles. Cinq cartouches de dynamite avaient été placées dans la petite chapelle, la première à avoir été construite à l'emplacement des apparitions. Les murs furent fendus, la toiture soufflée et un incendie se déclara. Mais la cartouche destinée à détruire ce qui restait du chêne vert miraculeux n'explosa pas. L'affaire alla jusqu'au Parlement mais n'eut aucune suite pour les coupables, que la population locale n'eut cependant pas de peine à identifier dans l'entourage du ferblantier.

Le résultat le plus clair fut un pèlerinage local de réparation qui rassembla 10 000 personnes, suivi d'un pèlerinage national qui fit venir à la Cova da Iria à peu près autant de monde que le jour du prodige solaire. Les efforts des libéraux faisaient retourner les choses à leur point de départ. Les interdictions et brimades diverses se succéderont jusqu'en 1924, mais vainement. On vit ainsi un jour les soldats envoyés pour empêcher l'accès à la Cova former les faisceaux et rejoindre les pèlerins. Plus le pouvoir s'efforçait d'endiguer le phénomène, plus les foules étaient nombreuses : 200 000 personnes le 13 mai 1924. C'est en ce jour que se produisit pour la troisième fois le phénomène de la pluie de fleurs. Pendant ce temps, le pays continuait de s'enfoncer dans l'anarchie. La disparition de Sidonio Pais avait marqué le retour au désordre, ponctué par une succession de coups de force et de coups de main : rétablissement éphémère de la monarchie dans le nord du pays par les royalistes, chutes incessantes de cabinets ministériels, manifestations de rue, grèves en cascade, attentats à la bombe. Une nouvelle force a fait son apparition : les communistes de la « Légion rouge », dopés par la révolution bolchevique. Ils n'y vont pas par quatre chemins : le 19 octobre 1920, ils arrivent au domicile du président du Conseil à bord d'une camionnette qu'on appellera la « camionnette fantôme », l'enlèvent et vont faire de même de plusieurs responsables politiques dont on retrouvera les corps affreusement mutilés.

Pendant ce temps, dans l'ombre d'abord puis au grand jour se prépare le coup d'État militaire qui prendra comme premier chef de file le général Gomes da Costa, commandant en chef des troupes portugaises pendant la Grande Guerre. Le soulèvement part, en mai 1926, de Braga où au même moment un congrès marial réunit 200 000 personnes autour de la totalité des évêques du pays, ce qu'on n'aurait pu imaginer dix ans avant, d'abord parce que c'était interdit, ensuite parce que l'on n'aurait jamais pu compter sur un tel nombre de participants. Les deux événements vont se dérouler avec une concomitance étonnante, bien qu'ils soient indépendants l'un de l'autre.

Le 28 mai, une longue procession aux flambeaux traverse la ville de nuit. Depuis le matin, les régiments soulevés par les conjurés ont fait mouvement; il en va de même pour la partie sud du pays, où les insurgés partent d'Evora sous le commandement du général Carmona. A Lisbonne, la population a été mise au courant par la distribution de manifestes contenant le programme de rénovation de la Junte de salut public. Le 29 au matin, tout est réglé, le gouvernement démissionne. Pas une goutte de sang n'a été versée. Les quelques jours qui suivent connaîtront la dissolution des Chambres et la démission du président de la République. La Révolution Nationale portera au pouvoir, deux ans plus tard, le professeur Antonio de Oliveira Salazar.

Quelque opinion que l'on ait sur le régime d'autorité qui s'instaure alors après trente ans d'anarchie, il faut constater un rétablissement indiscutable dans le domaine de la paix intérieure et extérieure. L'économie fait l'objet d'un redressement rapide (le budget est équilibré en un an). Le Portugal reste à l'écart de la sanglante révolution espagnole qui éclate en 1936. Il échappe à la Seconde Guerre mondiale, tout en autorisant la Grande-Bretagne et les États-Unis à utiliser les Açores pour la surveillance de l'Atlantique. En 1940, l'État signe avec le Vatican un concordat que Pie XII regarde comme un modèle du genre.

Pour les évêques portugais, le lien entre l'ère de paix dont bénéficie leur pays et les apparitions ne fait aucun doute. Au vingt-cinquième anniversaire des événements, en 1942, ils écrivent : « Ceux qui auraient fermé les yeux il y a vingt-cinq ans et les rouvriraient aujourd'hui ne reconnaîtraient plus le Portugal, tellement est grande la transformation opérée par ce facteur modeste et invisible que fut l'apparition de la Vierge très sainte. »

IX

Les interrogatoires – Deux millions de pèlerins
L'ancien des Brigades internationales
Colombes de Fatima contre pigeon de Picasso

Au mot Fatima, dans le dictionnaire Larousse en quinze volumes (1986), on trouve ces onze lignes, avec une photo du sanctuaire dans son état actuel :

« Ville du Portugal, sur les plateaux d'Estrémadure (distr. de Santarém). En 1917, trois jeunes bergers déclarèrent y avoir été les témoins de six apparitions de la Sainte Vierge et de phénomènes surnaturels : une foule de plus en plus grande, évaluée à 30 000 personnes à la cinquième apparition et à 70 000 personnes le 13 octobre (lorsque se serait produit le prodige du Soleil tournoyant et descendant en spirale vers la Terre), accourut de tout le Portugal. Depuis, le sanctuaire de Fatima, proche du village, est devenu un lieu de pèlerinage très fréquenté. »

On ne saurait demander au Larousse de se prononcer sur l'authenticité des apparitions, mais il pouvait se hasarder à mettre un présent au lieu du conditionnel en parlant du prodige du Soleil. Si ce prodige n'a pas eu lieu, s'il ne s'est rien passé le 13 octobre 1917, si le témoignage de 70 000 personnes n'est pas suffisant, si les observations faites sur place par des hommes de science et des journalistes sont erronées, comment expliquer que Fatima soit devenu « un lieu de pèlerinage très fréquenté », au point que, trois quarts de siècle plus tard, on y dénombre des foules dépassant certains jours le chiffre de deux millions?

Mais la reconnaissance des apparitions elles-mêmes est bien, comme l'écrivait le journaliste de *O Seculo*, l'affaire de l'Église. Celle-ci, qui ne s'engage jamais à la légère en un tel domaine, y a-t-elle procédé? Il est utile d'en avoir une idée exacte avant d'aller plus loin.

On peut noter d'abord la décision du pape Benoît XV de restaurer l'évêché de Leiria, ce qu'il fait dès janvier 1918, et d'y désigner un titulaire. Cette mesure n'est évidemment pas sans rapport avec les apparitions. Le diocèse, rayé de la carte ecclésiastique depuis quarante-cinq ans, se trouve dans un tel abandon que la ville du siège ne dispose plus que d'un prêtre. Mgr José Correia da Silva, le nouvel évêque, dévot de Lourdes, n'a pas d'idées préconçues sur Fatima lorsqu'il prend sa charge et ne place pas le sujet au premier rang de ses préoccupations. Il met un an à se faire une idée, sur les instances du chanoine Formigão, mais dès lors sa conviction est faite : il autorise que l'on dise la messe les jours de grande affluence sur les lieux des apparitions. Il faudra néanmoins attendre dix ans de plus pour que, à l'issue d'une enquête canonique, il les reconnaisse officiellement. La lettre pastorale lue solennellement par lui le 13 octobre 1930 près de la *capelinha* et du chêne vert, en présence d'une foule immense, se termine par cette formule juridique :

« En vertu des considérations que nous venons d'exposer, et d'autres encore, que nous omettons par souci de brièveté, invoquant humblement l'Esprit-Saint et nous confiant à la protection de la Très Sainte Vierge, après avoir entendu les Révérends Consulteurs de notre diocèse, Nous décidons :

1. de déclarer dignes de foi les visions des petits bergers à la Cova da Iria, dépendant de ce diocèse (du 13 mai au 13 octobre 1917);

2. de permettre officiellement le culte de Notre-Dame de Fatima. »

Nous sommes alors sous le pontificat de Pie XI. Celui-ci avait déjà pris les devants : *L'Osservatore romano* avait été autorisé à publier les comptes rendus du pèlerinage du 13 mai 1928. Le chanoine Barthas raconte aussi l'anecdote d'un évêque portugais qui, à la différence de ses confrères, marquait des réticences à l'égard de Fatima et s'en ouvrit au pape.

– Combien aviez-vous de séminaristes avant 1917? lui demanda celui-ci.

– Dix-huit, Saint-Père.

– Combien en avez-vous maintenant?

– Cent vingt.

– Qu'attendez-vous donc pour aller remercier Notre-Dame à Fatima?

Et Barthas remarque : « Fatima se trouve être la seule des grandes mariophanies que le pape ait pratiquement approuvée avant la conclusion de l'enquête officielle et sans attendre la décision de l'évêque du lieu. »

Pie XII se proclamera « le pape de Fatima ». Jean XXIII encouragera le culte et les pèlerinages. Paul VI viendra à Fatima pour le 50e anniversaire, en 1967. Jean-Paul II s'y rendra deux fois et l'on sait l'importance prise dans sa vie personnelle par Notre-Dame de Fatima depuis l'attentat de 1981.

Il est difficile de trouver des apparitions validées d'une façon aussi claire et aussi continue par la hiérarchie ecclésiastique. La *vox populi* les a, pour sa part, ratifiées dès la première année. Les chiffres de fréquentation du sanctuaire sont révélateurs à cet égard : 300 000 pèlerins le 13 mai 1931, 1 000 000 à plusieurs reprises à partir de cette date, plus de 2 000 000 le 13 mai 1967. A cette affluence répondra, lors de la construction de la basilique, la réalisation d'une esplanade plus grande que la place Saint-Pierre de

Rome. Il n'a pas été créé à Fatima de Bureau des constatations médicales comparable à celui de Lourdes, mais un très grand nombre de guérisons s'est produit et continue de se produire, attestées par les médecins soignants sur des cas pour lesquels existe un sérieux dossier médical. Les conversions ne sont pas moins impressionnantes. Le message de la Vierge concerne spécialement les « erreurs » répandues par la Russie, donc le communisme. Barthas cite donc de préférence des conversions de communistes dont il a été témoin. Douglas Hyde, rédacteur en chef du *Daily Worker*, qui est l'homologue en Angleterre de *L'Humanité*, est devenu catholique en analysant, pour l'éreinter, un livre qui venait de paraître sur Fatima.

Également exemplaire, le cas de Hamish Frazer, chef des communistes écossais et ancien des Brigades internationales. Son histoire est liée au « signe des colombes », dont il n'est pas inutile de dire quelque chose. A la fin de 1946, la statue de Notre-Dame de Fatima fut portée solennellement par la route jusqu'à Lisbonne et, à la traversée d'une ville, on lâcha cinq colombes blanches qui, au lieu de reprendre leur liberté, se posèrent sur le pavillon de la statue et y restèrent pendant la suite du voyage. Dans la cathédrale de Lisbonne, elles allèrent percher sur la chaire au moment du sermon du patriarche puis deux d'entre elles montèrent une garde d'honneur de chaque côté de l'ostensoir pendant le salut du Saint-Sacrement. Elles présidèrent aussi le lendemain, les ailes ouvertes, à la distribution de la communion à quatre mille fidèles. Sur le chemin du retour, d'autres colombes arrivèrent spontanément pour accompagner la procession.

Chose curieuse, il en fut de même dans une vingtaine de pays où la statue de la Vierge fut transportée, à l'étonnement des personnalités religieuses et politiques venues assister aux manifestations de « la Route mondiale ». Or le 8 décembre 1952, Hamish Frazer participait, après sa conversion, à un meeting marial, au Parc des Expositions à Paris. Au moment où il montait sur le podium pour parler de la paix, une colombe venue on ne sait d'où se posa sur sa tête, où elle demeura pendant une longue partie du discours. Nous avons sous les yeux la photo prise par une agence de presse ; elle parut un peu partout, sauf dans *La Croix* qui, signale Barthas, refusa de l'insérer. Le grand chic était alors, pour les chrétiens avancés, de collaborer avec les communistes. La colombe de Fatima faisait concurrence à celle de Picasso (ou à son pigeon, puisqu'il avouera plus tard que c'en était un) ; Frazer prononçait du reste des paroles très embarrassantes dans ce contexte : « Comme résultat de mon expérience personnelle, je ne peux pas dire en toute honnêteté que je crois que la prière peut convertir les communistes, je sais qu'elle peut les convertir. » La préoccupation d'un certain nombre de clercs n'était pas alors de convertir les communistes, mais de se mettre à leur école « pour bâtir un monde meilleur », comme disait un chant de l'époque. 1952, c'était l'année où les prêtres-ouvriers avaient si bien pris la main tendue par Thorez que Pie XII allait bientôt limiter leurs engagements syndicaux avant de supprimer purement et simplement ce genre de ministère très politiquement orienté.

Nous allons voir que, s'il ne fait aucun doute que les apparitions de Fatima sont agréées par l'Église, elles ne manqueront pas d'être une charge pour elle. Elles gêneront à plusieurs reprises la hiérarchie et les papes eux-mêmes pour des raisons politiques successives, elles gêneront le clergé pour les raisons dogmatiques et pastorales. Il y aura donc des réticences sur les deux premières parties du secret et une chape de plomb sur la troisième.

On assistera même à une mise en cause de l'ensemble par un religieux belge, le père Dhanis, auquel beaucoup de clercs et de militants catholiques, contrariés dans leur façon de concevoir la vie de l'Église et l'apostolat, s'empresseront d'emboîter le pas. Il ne faut point s'étonner : l'Église étant à la fois divine et humaine, le second aspect tend depuis toujours à étouffer le premier. Si l'on a vu à plusieurs périodes, et principalement ces tout derniers temps, remettre en cause les dogmes révélés les plus fondamentaux, on pouvait s'attendre que l'on en fît autant pour des révélations privées, beaucoup moins contraignantes. Le déroulement des faits nous fera comprendre pourquoi le troisième secret n'a pas été publié et nous permettra d'y pénétrer, par effraction pourrait-on dire.

X

Les répugnances de Lucie – Les débuts de Lénine Une couronne en or massif – La défaite d'El-Alamein

Fatima peut se raconter comme l'histoire d'un secret bien gardé. Pourquoi y a-t-il secret ? Parce que Notre-Dame, *Nossa Senhora*, a dit aux enfants à la fin de la troisième apparition, après avoir délivré son message : « Cela, ne le dites à personne. » Ils vont s'y tenir scrupuleusement et ce n'est pas la moindre preuve de l'authenticité de leur vision : auraient-ils eu cette énergie sans une conviction inébranlable que c'est la Vierge qui leur avait parlé ? Nous avons vu que le ferblantier ne leur a pas fait desserrer les lèvres, même en simulant les préparatifs de la mort affreuse dont il les menaçait. Mais il y a eu aussi le harcèlement continuel, les interrogatoires, bienveillants ou non, qui les laissaient épuisés, la pression de leurs proches et des innombrables visiteurs se présentant à tout moment à Aljustrel pour savoir. Le père de François et Jacinthe a raconté à De Marchi comment les choses se passaient :

« Il y avait des dames qui venaient je ne sais d'où, très élégamment vêtues et parées. Nous étions, nous, à notre travail, en tenue de tous les jours, et j'avais quelquefois un peu honte... Houi !... Elles étaient curieuses, on ne peut plus ! Ce qu'elles voulaient, c'était voir si elles arriveraient à savoir le secret. Elles prenaient Jacinthe sur leurs genoux et elles l'importunaient de questions. Mais la petite ne répondait que ce qu'elle voulait bien! Le secret? Non, pas cela! On ne l'aura pas, même avec un tire-bouchon.»

Les visiteuses lui promettaient toutes sortes de cadeaux que cette enfant d'un milieu modeste n'aurait jamais pu espérer, de belles robes, des bijoux d'or. Sans succès. Son frère et sa cousine n'étaient pas plus épargnés. Aussi, dès qu'une voiture apparaissait dans le petit village, c'était le sauve-qui-peut. Les enfants fuyaient dans la lande ou se cachaient où ils pouvaient à l'intérieur de la maison. Les ecclésiastiques n'étaient pas en reste, bien que certains se montrassent réservés et paternels. La famille de Lucie la persécutait, d'autant plus excitée que les apparitions ne faisaient pas ses affaires : plus moyen, depuis que les foules venaient y piétiner, de tirer parti des terrains où l'on cultivait maïs, pommes de terre, haricots, blé, où l'on exploitait même quelques oliviers.

« A la perte totale de la Cova da Iria, qui était un beau pâturage pour notre troupeau, et des produits maraîchers qu'on y récoltait, venait s'ajouter la conviction, presque certaine, comme ma mère le disait, que tous ces événements n'étaient que simples chimères et fantaisies d'imagination d'enfants. Une de mes sœurs passait presque tout son temps à venir me chercher et à me remplacer à la garde du troupeau, afin que j'aille parler aux personnes qui voulaient me voir et me parler. Cette perte de temps, pour une famille riche, n'aurait pas eu d'importance, mais pour nous qui devions vivre de notre travail, c'était quelque chose. Pour cette raison, peu de temps après, ma mère se vit obligée de vendre notre troupeau... »

Lucie raconte une anecdote savoureuse : ils sont tous trois sur le chemin de Fatima quand une automobile s'arrête ; les gens de la ville qui l'occupent leur demandent s'ils connaissent les trois petits voyants. Bien sûr, disent-ils, et ils indiquent soigneusement la façon d'arriver à leurs maisons puis, tandis que la voiture redémarre, ils vont se cacher derrière une ronceraie en riant de la bonne plaisanterie. Jacinthe est satisfaite : ils n'ont pas menti et on les laisse tranquilles. Le mensonge est en effet leur grande préoccupation : comment faire pour ne pas commettre ce péché tout en gardant le secret auquel ils sont tenus ? Il y aurait bien une façon de se débarrasser des questions importunes : dire qu'il n'y a pas de secret, mais ce serait travestir la vérité et au surplus on ne les croirait même pas. A la fin d'un interrogatoire, le curé de Fatima, auquel ils n'ont consenti à dire que ce qui leur était permis, s'écrie : « Il n'est pas possible que Notre-Dame vienne du Ciel sur la Terre uniquement pour dire qu'on récite le chapelet tous les jours ! »

Mais une autre question se pose : pourquoi la Vierge leur a-t-elle communiqué un secret intéressant l'avenir des nations et le salut de l'humanité, s'ils doivent le garder pour eux ? Une analyse du message fait comprendre aisément, avec le recul du temps, qu'il se prête à une révélation par étapes.

La recommandation de réciter le chapelet et de faire pénitence pour les pécheurs est immédiatement applicable, les enfants ont pu en faire état. Il en va autrement de la partie sous embargo, si je puis dire.

« La guerre va vers sa fin, mais si l'on ne cesse pas d'offenser le Seigneur, sous le règne de Pie XI, il en commencera une autre pire... » Il va de soi que cette prophétie n'aurait pas eu de portée en 1917 ; le problème était alors de sortir de l'effroyable conflit en cours, un conflit armé dont l'Histoire ne fournissait pas d'exemple quant au nombre de nations impliquées, à la multiplication des théâtres d'opération et au caractère meurtrier. A chaque guerre suffit sa peine ; qui se serait préoccupé de la suivante ? Devant l'horreur présente, il était difficile d'imaginer pire. Quant à la situation dans le temps de cette seconde guerre mondiale éventuelle, nous l'avons vu, la mention de Pie XI n'avait de sens ni pour les pastoureaux ni pour qui que ce soit à cette époque. La Vierge voulait de toute évidence que ces indications restent en réserve dans la mémoire des enfants, ou plus exactement de Lucie, qu'elle savait devoir être la seule survivante après la mort des deux petits.

Plus incompréhensible encore la prédiction concernant la Russie :

« Pour empêcher cela, je viendrai demander la consécration de la Russie à mon Cœur immaculé et la communication réparatrice les premiers samedis (du mois).

« Si l'on écoute mes demandes, la Russie se convertira et l'on aura la paix. Sinon, elle répandra ses erreurs par le monde, provoquant les guerres et des persécutions contre l'Église... »

En juillet 1917, nous l'avons déjà rappelé, il y a bien eu une première révolution en Russie. Ses prolégomènes datent d'ailleurs d'avant la guerre, avec les premières victoires, dès 1905, de la tendance républicaine. La révolution de Février a conduit à l'abdication manquée de Nicolas II et à l'instauration d'une république de fait. Qui a entendu, à l'époque des apparitions, parler de Lénine, obscur doctrinaire qui n'est même pas encore parvenu à s'imposer aux forces populaires bolcheviques? Qui se soucie de Trotski, un révolutionnaire comme il y en a tant, avant qu'il ne se fasse remarquer pendant la révolution d'Octobre, puis aux négociations avec l'Allemagne, à Brest-Litovsk, en mars 1918? Personne ne pouvait prévoir l'instauration du régime communiste athée ni la création de l'URSS en 1922. Le danger constant qu'elle représentera pour la paix n'est pas perceptible alors. De quelles « erreurs » peut-il s'agir? Quel sens donner aux mots « conversion de la Russie »?

Le message doit rester secret parce qu'il n'est pas utilisable. Il est déposé en attente dans la mémoire et dans le cœur de la voyante. Elle écrira en 1941 à Mgr da Silva : « Il pourrait se faire, Excellence, que quelqu'un trouve que j'aurais dû manifester toutes ces choses depuis longtemps, parce qu'ainsi elles auraient eu, quelques années auparavant, double valeur. Il en aurait été ainsi si Dieu avait voulu me présenter au monde comme prophète. Mais je crois que telle n'a pas été l'intention de Dieu en me manifestant toutes ces choses. S'il en avait été ainsi, je pense qu'au lieu de m'ordonner de me taire en 1917, ordre qui a été confirmé par ceux qui le représentaient (ses supérieurs ecclésiastiques directs, NDL'A), Il m'aurait alors, au contraire, ordonné de parler. »

Et même en faisant cette remarque, elle n'est pas tout à fait tranquille : « Je confesse que ma répugnance à révéler tout cela est telle que, bien qu'ayant devant moi la lettre où Votre Excellence m'ordonne de noter tout ce que je peux me rappeler, et bien que je sente intérieurement que c'est l'heure choisie par Dieu pour le faire, j'hésite, luttant pour savoir si je vais vous remettre cet écrit ou le brûler. » (Mémoire n° 3)

Il y a eu d'autres moments où Lucie a ressenti des hésitations dans le sens contraire. Après l'interrogatoire canonique, donc entre 1922 et 1930, elle se demande si elle n'aurait pas dû tout dire et, si elle calme ses scrupules, c'est en pensant qu'elle ne se rendait pas compte alors de l'importance de cet interrogatoire : « J'ai simplement trouvé étrange l'ordre qu'on me donnait de prêter serment, mais comme c'était le confesseur qui me l'ordonnait, je jurai de dire la vérité et je le fis sans difficulté. » La présence de ce prêtre l'aida plusieurs fois à résoudre son problème de conscience : un des inquisiteurs entreprend de multiplier les questions et de fouiller exagérément l'âme de l'enfant. « Avant de répondre, par un simple coup d'œil, j'interrogeai mon confesseur. Le Révérend Père me tira d'embarras, répondant à ma place. Il rappela à l'interlocuteur qu'il dépassait les droits qui lui étaient donnés. » La même aventure survient avec un autre enquêteur : « A un certain moment, il me posa une question bien étudiée sur le secret. Je me sentis perplexe, sans savoir quoi répondre. Un regard vers mon confesseur, il me comprit et répondit pour moi. L'enquêteur comprit aussi et il se contenta de me cacher le visage avec une revue qu'il avait devant lui. Ainsi Dieu me montrait que le moment choisi par Lui n'était pas encore arrivé. »

Cette espèce de moratoire imposé à la voyante est susceptible, au demeurant, d'une explication spirituelle. Quiconque a l'expérience des voies de Dieu, bien qu'elles soient impénétrables, sait qu'il laisse toujours une place à l'effort individuel, composante indispensable de la foi. Il respecte en cela la liberté humaine. Une prédiction bien ficelée, divulguée en temps voulu, se réalisant d'une façon spectaculaire, prive l'homme de sa liberté, il est obligé de croire. Il en eût été de même si, le jour de sa Résurrection, le Christ s'était montré à l'univers au lieu de réserver ses apparitions à ses disciples. Comme les Douze et plusieurs autres furent chargés de témoigner : « C'est ce même disciple qui rend témoignage de ces choses et qui les a écrites, et nous savons que son témoignage est véridique », à Fatima trois enfants et particulièrement Lucie ont été chargés de transmettre le message. Mais les preuves abondent pour établir la véracité de celui-ci aux yeux de qui veut s'en donner la peine.

Il convient par exemple de remarquer que si Lucie écrit en 1941 son troisième Mémoire dans lequel elle dévoile à son évêque les deux parties du message qu'elle est autorisée à dire, ce n'est pas la première fois qu'elle le fait. Elle n'a pas attendu cette date pour révéler des prophéties qui étaient déjà soit réalisées, soit en train de l'être. Elle avait déjà tout couché sur le papier en 1927 sur l'ordre de ses confesseurs, les Pères José da Silva Aparicio et José Bernardo Gonçalves, et ces deux prêtres l'avaient lu avant de lui enjoindre de mettre le manuscrit au feu. Elle avait aussi révélé le secret à trois autres personnes : l'évêque de Leiria, la supérieure provinciale de son ordre et le chanoine Galamba. Toute une étude menée par le Frère Michel de la Sainte-Trinité, dans son monumental ouvrage sur Fatima, a fait justice des soupçons de prédictions *post eventum* formulés par certains détracteurs (en fait, il n'y en eut pratiquement qu'un, le Père Dhanis, dont nous aurons l'occasion de reparler, sur lequel s'aligna sans examen un nombre non négligeable d'ecclésiastiques éminents, dont le futur cardinal Journet ou le théologien Karl Rahner, lequel d'ailleurs, ne croyant pas à l'Incarnation ni à la Rédemption, ne peut être retenu comme engageant l'Église).

Mais ces deux premières parties ne seront portées à la connaissance du monde qu'en 1942. Le 13 octobre, pour le 25e anniversaire de la sixième apparition, jour où fut bénie la couronne d'or massif qui devait prendre place sur la statue honorée depuis un quart de siècle, paraissait un livre du chanoine Galamba, *Jacinta*, où étaient cités les passages principaux des Mémoires n°s 3 et 4. Cette publication était cautionnée par un prologue de l'évêque de Leiria et une préface du patriarche de Lisbonne, le cardinal Cerejeira.

Or l'essentiel du secret avait déjà été publié à Milan par le cardinal Schuster. Le cardinal, qui n'en reproduisait pas cependant les termes exacts, n'hésitait pas, dans sa Lettre pastorale du 13 avril, à développer le thème qui sera jusqu'à nos jours une pierre d'achoppement dans la transmission du message de Fatima : la conversion de la Russie. Son interprétation ne laisse pas néanmoins d'être ambiguë. Indiquant les demandes formulées par la Vierge il décrit ainsi les conséquences qui résulteront de leur application : « La cessation de la guerre, la conversion de la Russie à l'unité catholique ; une ère nouvelle de grand apostolat dans l'Église. » Et il ajoute un peu plus loin : « Comme autrefois à Lépante le pouvoir du Croissant, aujourd'hui, après notre croisade pacifique, ce serait le pouvoir bolchevique de la Faucille et du Marteau qui serait anéanti par la Providence du Seigneur. »

Dans la première des deux phrases que nous venons de citer, la conversion est celle des orthodoxes (retour à l'unité catholique), dans la seconde, celle des communistes.

Que faut-il entendre en effet par la conversion de la Russie ? Le retour des schismatiques à l'obédience romaine ou la disparition du communisme athée et persécuteur ? Nous trouvons la même ambiguïté dans la « Consécration de l'Église et du monde au Cœur immaculé de Marie » prononcée le 31 octobre par Pie XII et incluse dans le radio-message qui fut diffusé en direct, avec une qualité technique remarquable pour l'époque, dans la cathédrale de Lisbonne. Notre-Dame avait dit le 13 juillet : « Le Saint-Père me consacrera la Russie qui se convertira, et il sera concédé au monde un temps de paix. » Dans une apparition postérieure, en juin 1929, à Tuy (localité espagnole de la frontière du Portugal ; Lucie y vivait au couvent des sœurs Dorothées), elle avait actualisé sa demande : « Il est venu le moment auquel Dieu demande au Saint-Père de faire, en union avec tous les évêques du monde, la consécration de la Russie à mon Cœur immaculé, permettant de la sauver par ce moyen. »

Mais le radio-message ne mentionne la Russie en aucun endroit et dans l'acte de consécration a été placée cette phrase : « Aux peuples séparés par l'erreur et la discorde, et spécialement à ceux qui professent pour Vous une singulière dévotion et chez lesquels il n'y avait pas de maison qui n'honorât Votre vénérable icône – aujourd'hui peut-être cachée et réservée pour des jours meilleurs –, donnez la paix et reconduisez-les à l'unique bercail du Christ, sous l'unique et véritable pasteur. »

Le sens est biaisé : les peuples séparés font penser aux frères séparés, c'est-à-dire, dans le cas d'espèce, aux orthodoxes, et la prière prononcée par le pape semble s'appliquer à leur réintégration dans le sein de l'Église romaine. L'erreur est représentée par le schisme et les déviations doctrinales qui l'ont précédé et suivi. Or la Vierge, dans son message initial, parlait des erreurs répandues par la Russie, provoquant des guerres, supprimant des nations, etc. ; ce n'est pas l'orthodoxie qu'elle pouvait désigner ainsi, mais manifestement le matérialisme dialectique et tous ses corollaires. En revanche, dans le texte pontifical, les icônes cachées constituent une périphrase pouvant s'appliquer aux persécutions religieuses soviétiques et qui rejoint davantage le message. Troisième nuance : Notre-Dame a dit d'une façon claire que ce sont les erreurs de la Russie, donc le communisme, qui provoqueront des guerres et c'est au monde qu'elle souhaite la paix, alors que le pape la souhaite à la Russie et à ses satellites.

Nous reviendrons sur cette question de consécration, dont les prolongements se manifestent encore aujourd'hui. Il est peut-être bon d'expliquer pourquoi le mot Russie a été soigneusement gommé, non seulement dans la formule de consécration mais aussi dans les livres qui parurent à cette époque, où il fut remplacé par des formules comme « les méchants » ou « les impies ». Nous étions en 1942, en pleine guerre ; l'URSS combattait alors depuis plus d'un an dans le camp des Alliés, donc du côté des bons. Les mauvais, c'étaient les nazis. Évoquer les erreurs soviétiques aurait eu une signification politique, on n'aurait pas compris pourquoi le pape subitement s'en prenait à la « Russie », et il suffit de voir les attaques dont Pie XII a été l'objet après la guerre à propos d'un prétendu silence observé à l'égard du massacre des juifs pour évaluer celles auxquelles il aurait été en butte s'il avait fait exactement ce que lui demandait la Vierge. On n'aurait pas manqué de l'accuser de sympathies à l'égard du nazisme.

Précaution louable ou prudence humaine excessive? Nous nous garderons de trancher. Il est difficile de soupçonner le « pape de Fatima » de tiédeur mariale, lui qui regardait comme un signe du Ciel d'avoir été consacré évêque le 13 mai 1917 à midi, c'est-à-dire à l'heure même de la première apparition à la Cova da Iria. Après la consécration du monde, un autre signe se produisit : le lendemain, les armées allemandes subissaient leur première défaite déterminante à El-Alamein et le maréchal Rommel était contraint de se replier. On pouvait donc penser que la Vierge avait donné une satisfaction partielle au souverain pontife.

Il n'en reste pas moins qu'à aucun moment elle n'a parlé de l'Allemagne. Ses vues sur la succession des événements du monde n'en apparaissent qu'infiniment supérieures – faut-il s'en étonner? – à celles des dirigeants politiques de l'époque et du pape lui-même en tant qu'il se préoccupait de la situation internationale. L'exécrable Seconde Guerre mondiale a duré six ans, provoquant des malheurs sans nombre; le bolchevisme l'avait précédée de près de vingt-cinq ans, il lui a succédé pendant près de cinquante ans avec son cortège effroyable de guerres, de massacres et de misères. Les erreurs d'où il est issu n'ont pas disparu avec l'effondrement de l'URSS, elles persistent sous les mêmes formes dans de vastes pans de la planète comme la Chine, sous des formes différentes dans les autres pays. Ce sont leurs avatars qui font perdre au monde « le dogme de la foi », mais ici nous anticipons sur la troisième partie du secret qui sera examinée plus loin. La Vierge de Fatima a vu beaucoup plus loin que le conflit, tout effroyable qu'il ait été, qui a secoué le monde au milieu du siècle. Les révélations du 13 juillet 1917 sont plus apocalyptiques qu'historiques. C'est pour cette raison qu'elles ont effrayé les petits bergers au point de clore d'une façon si radicale leurs lèvres roses.

XI

Le 17 juin 1789 – Comme le roi de France
Dans les jardins du Vatican
La Russie n'est pas le genre humain

L'histoire de la consécration réclamée par la Vierge est riche en rebondissements. Avant de les relater, il n'est pas inutile de dire en quoi elle consiste et d'en évaluer la portée. Dans l'esprit de beaucoup de nos contemporains, le mot n'évoque plus grand-chose. Il n'en a pas toujours été ainsi. Les Français du XVIIe siècle avaient parfaitement compris la signification de l'édit du 10 février 1638 par lequel Louis XIII consacra à la Vierge Marie « sa personne, son État, sa couronne et ses sujets ». Un historien de la monarchie, le marquis de La Franquerie, explique ainsi la démarche royale :

« Par cet acte magnifique et grandiose, Louis XIII donnait à la Reine du Ciel un droit de propriété total et irrévocable, pour le présent et pour l'avenir, sur la France et sur la race royale. Non seulement le roi avait agi dans la plénitude de son pouvoir royal, mais tous les corps de l'État, en l'enregistrant, et le peuple, en s'y associant avec une magnifique ardeur, l'avaient consacré. »

Consacrer, dans les anciennes religions païennes, c'était se dessaisir d'une chose au profit de la divinité. On le faisait pour un terrain (les bois sacrés), des personnes (les Vestales à Rome), un animal, un objet.

Personne ne pouvait plus s'en emparer sous peine de sacrilège (violation d'une chose sacrée). Consacrer son pays consistait, pour Louis XIII, à en transférer la propriété à la Vierge Marie, qui dès lors en était reine.

Dans le cas du pape, consacrer le monde, et en particulier la Russie, est un acte par lequel il rend effective la royauté de la mère de Dieu et donc de Dieu lui-même sur ce monde. Cette royauté et cette possession vont de soi si l'on songe que Dieu, créateur de toutes choses, est le maître de l'univers et peut en faire ce qu'il veut (*Omnia quaecumque voluit fecit*). Mais la notion de liberté entre ici encore en ligne de compte : Dieu veut laisser à l'homme le soin de reconnaître sa souveraineté.

Ce qui est en jeu, en somme, c'est la conception même de l'univers et de la place de l'homme dans cet univers : ou bien l'homme est indépendant vis-à-vis de toute puissance supérieure, ce qui suppose en dernier ressort l'inexistence de celle-ci (ou son indifférence, ce qui revient au même) ; ou bien l'univers est régi par une puissance supérieure à laquelle il souscrit. La première conception correspond à la laïcité, la seconde à la chrétienté.

Le pape peut-il disposer ainsi des hommes en reconnaissant en leur nom la souveraineté divine ? Il le fait comme chef spirituel du troupeau, à la place des chefs temporels défaillants (qui s'étonne que ceux-ci signent des traités ?) et d'une façon quelque peu comparable aux parents qui font baptiser leurs enfants à l'âge où ceux-ci n'en sont pas encore conscients. La liberté individuelle peut reprendre le dessus mais ne supprime pas la consécration qui a été faite. L'auteur que nous avons cité ajoute justement : « C'est pourquoi, qu'on le veuille ou non, la France demeurera, jusqu'à la fin des temps, le spécial royaume de Marie. »

Un acte de consécration n'est pas une vague formule, il comprend un aspect juridique, ce qui rend nécessaire l'emploi des mots justes. Si l'on consacre la Russie, il est difficile de le faire sans employer le mot Russie. La consécration doit avoir pour effet d'attirer la protection divine sur le pays consacré ; si la Russie est ici en cause, c'est du fait des erreurs qu'elle répand sur le monde et qui engendrent des guerres. On aura mauvaise grâce à le contester en pensant aux guerres nombreuses qui ont ravagé la planète du fait de l'idéologie communiste et à la peur immense de l'Occident tant que le Rideau de fer a séparé les deux blocs : le colossal armement nucléaire et l' « équilibre de la terreur » sont là pour en témoigner.

On comprend dès lors l'importance que la Dame de Fatima attache à cette consécration. Elle annonce le 13 juillet 1917 qu'elle viendra la demander. Elle apparaît en 1929 à Lucie dans son couvent de Tuy, pour lui dire : « Le moment est venu où Dieu demande au Saint-Père de faire, en union avec tous les évêques du monde, la consécration de la Russie à mon Cœur immaculé, promettant de la sauver par ce moyen. » En août 1931, c'est Notre-Seigneur qui parle à Lucie pour se plaindre du non-accomplissement de l'acte pontifical. Il lui dit : « Ils n'ont pas voulu écouter ma demande... Comme le roi de France, ils s'en repentiront et ils le feront, mais ce sera tard. La Russie aura déjà répandu ses erreurs dans le monde, provoquant des guerres et des persécutions contre l'Église ; le Saint-Père aura beaucoup à souffrir. »

L'allusion au roi de France s'applique à Louis XIV. Elle nous reporte à une autre consécration qui n'a pas été faite. Le 17 juin 1689, une religieuse du couvent de la Visitation à Paray-le-Monial, sœur Marguerite-Marie, qui bénéficiait depuis de nombreuses années d'apparitions du Sacré-Cœur, reçoit de Lui un message pour le roi de France :

« Fais savoir au Fils aîné de mon Sacré-Cœur que comme sa naissance temporelle a été obtenue par la dévotion aux mérites de Ma sainte enfance, de même il obtiendra sa naissance de grâce et de gloire éternelle par la consécration qu'il fera de lui-même à Mon cœur adorable, qui veut triompher du sien et, par son entremise, de celui des grands de la Terre.

« Il veut régner dans son palais, être peint dans ses étendards et gravé dans ses armes, pour les rendre victorieuses de tous ses ennemis en abattant à ses pieds ces têtes orgueilleuses et superbes, pour le rendre triomphant de tous les ennemis de la sainte Église. »

Les données historiques expliquent très bien le plan divin : Louis XIV est à la fois le plus grand roi d'Europe et le roi « très chrétien » présidant aux destinées d'une nation nommée « la fille aînée de l'Église », étant la première à avoir reçu le baptême en la personne de Clovis et de ses guerriers. Personne ne trouvera étrange l'apostrophe de Jean-Paul II à son arrivée en France en 1980 : « France, qu'as-tu fait de ton baptême ? »

Ce roi s'oppose, au cours de son règne, à l'Angleterre, qui est anglicane (le roi catholique Jacques II vient de se réfugier en France, au château de Saint-Germain-en-Laye), à la Prusse, qui est protestante, à la Hollande, qui est calviniste. C'est avec lui que Dieu veut établir une alliance en un dessein s'apparentant à l'élection d'Abraham, pour faire des Français un nouveau peuple élu. Le message de Marguerite-Marie Alacoque doit être transmis au roi par son confesseur, le Père de La Chaize, un jésuite, qui selon toute probabilité n'en fait rien, ou s'il s'acquitte de sa commission, n'incite pas son royal dirigé à y donner suite.

On peut constater que, malgré ce qu'un historien a appelé « le chapelet des victoires » de la guerre de la Ligue d'Augsbourg et les éclatants succès de celle de

Succession d'Espagne qui suivra, le roi très chrétien n'imposera pas son hégémonie à l'Europe et qu'à l'issue de son règne, la monarchie française dépérira lentement, submergée par les Lumières. Chose remarquable : le 17 juin 1789, un siècle très exactement après la demande formulée par le Sacré-Cœur et non satisfaite, débutera la Révolution française : c'est ce jour-là que le tiers état se constituera en Assemblée nationale, entraînant peu après l'ordre du clergé pour aboutir, le 20 juin, au Serment du Jeu de paume. Et en 1792, Louis XVI, emprisonné au Temple, repensant à ces choses, faisait le vœu tardif de procéder à la consécration s'il recouvrait sa liberté et son trône. Il est difficile de ne pas faire le lien avec la phrase dite par la Vierge à Lucie : « Ils n'ont pas voulu écouter ma demande... Comme le roi de France, ils s'en repentiront et ils le feront, mais ce sera tard. »

1931... 1942. Pie XII, nous l'avons vu, n'a pas fait la consécration dans les formes requises. Dix ans plus tard, en 1952, il va y revenir. Entre-temps s'est produit au Vatican même un événement mystérieux dont fut témoin le seul pape. Nous ne pouvons mieux faire que de transcrire la relation qu'il en a faite lui-même pour le cardinal Tedeschini, son secrétaire d'État :

« C'était le 30 octobre 1950, avant-veille du jour de la définition solennelle de l'Assomption au ciel de la Très Sainte Vierge Marie, jour que le monde catholique tout entier attendait avec tant d'impatience. Vers quatre heures de l'après-midi, je faisais ma promenade habituelle dans les jardins du Vatican, lisant et étudiant, comme d'ordinaire, divers papiers d'affaires. Je montais de l'esplanade de Notre-Dame de Lourdes vers le haut de la colline, dans l'allée de droite qui côtoie le mur d'enceinte.

« A un certain moment, ayant levé les yeux d'au-dessus des papiers que j'avais en main, je fus frappé par un phénomène jamais vu de moi auparavant. Le soleil, qui était encore assez haut, se montrait comme un globe opaque jaune pâle, environné tout autour d'un halo lumineux qui, cependant, n'empêchait en aucune manière de fixer attentivement le soleil, sans en sentir la moindre gêne. Une nuée très légère se tenait devant.

« Le globe opaque se mouvait vers l'extérieur, tournant lentement sur lui-même et se déplaçant de gauche à droite, et vice versa. Mais à l'intérieur du globe se voyaient en toute clarté et sans interruption de très forts mouvements.

« Le même phénomène se reproduisit le lendemain 31 octobre, et le 1er novembre, jour de la définition (du dogme), ensuite le 8 novembre, jour octave de la même solennité. Depuis, plus rien.

« Plusieurs fois, les autres jours à la même heure et dans des conditions atmosphériques identiques ou assez semblables, j'essayai de regarder le soleil pour voir si le même phénomène m'apparaissait, mais en vain; je ne pouvais pas fixer le soleil même un instant, la vue se trouvant immédiatement éblouie.

« Telle est, en termes simples et brefs, la pure vérité. »

Sœur Pasqualine, la gouvernante de Pie XII pendant tout son pontificat, à qui il en avait parlé, dit qu'il fut le seul témoin de l'événement; il fit consulter l'observatoire du Vatican, où l'on n'avait rien remarqué. Cette vision lui avait bien été personnelle et il comprit qu'elle reproduisait d'une façon indiscutable la danse du soleil à Fatima. Était-ce un signe pour le presser à faire la consécration de la Russie, toujours en suspens? On ignore s'il l'entendit ainsi, tant il est vrai qu'il attendit près de deux ans pour exécuter la demande céleste. Le 7 juillet 1952 enfin, il adressait aux peuples de Russie la Lettre apostolique *Sacro Vergente Anno* dans laquelle l'empire de Staline était clairement désigné :

« ... Pour que nos prières ferventes et les vôtres soient sûrement exaucées et pour donner un témoignage spécial à notre particulière bienveillance, nous consacrons aujourd'hui, d'une manière très spéciale, tous les peuples de la Russie au Cœur immaculé de la Vierge Marie, Mère de Dieu... »

Dans son carmel de Tuy, sœur Lucie l'apprit quelques jours plus tard et une lettre d'elle nous montre ce qu'elle en pensa : « Je vous remercie de la coupure de journal qui rapporte la consécration de la Russie. Je suis peinée qu'elle n'ait pas encore été faite comme Notre-Dame l'avait demandée. Patience ! Espérons que Notre-Dame, comme une bonne mère, daignera l'accepter. »

Que manquait-il cette fois ? Le pape avait bien nommé la Russie, mais il n'avait pas fait cette consécration « avec tous les évêques du monde ». Pour tout dire, c'était une consécration à la sauvette, incluse dans une Lettre apostolique destinée à une partie seulement du peuple chrétien, sans proclamation publique et sans solennité.

Tout s'est passé comme si le souverain pontife, peu convaincu de la nécessité de faire de la consécration un acte public retentissant, avait seulement cédé aux sollicitations du *Russicum* (institut fondé par Pie XI pour faire passer des prêtres et des évêques au-delà du Rideau de fer) et des pèlerins russes venus le solliciter deux ans plus tôt.

Un commentateur bien au courant du fait religieux, Michel Martin, explique ceci : « La Vierge voulait détruire le mal à sa source même, en convertissant la Russie, entreprise impossible à vues humaines. Or Jésus, qui estime le moment venu de glorifier sa Mère, veut que ce véritable miracle lui soit attribué sans contestation possible. Il faut donc que cette conversion soit la réponse manifeste à une consécration de la Russie, non pas clandestine, mais réalisée avec une solennité telle que le monde entier en ait connaissance. Et c'est bien pourquoi le Seigneur a spécifié que cette consécration devait être faite, non pas seulement par la plus haute autorité du monde qui est le pape, mais par le pape en union avec tous les évêques du monde unis à lui sur son ordre. »

Puis vint le concile Vatican II. Pendant la troisième session, en 1964, un évêque brésilien, Mgr de Proença Sigaud, membre du *Coetus internationalis* qui regroupait les évêques hostiles au libéralisme, fut reçu par Paul VI auquel il apportait une pétition signée par cinq cent dix pères conciliaires. Ceux-ci lui demandaient de profiter de la présence à Rome de tous les évêques du monde pour faire enfin la consécration dans les règles. Le pape accueillit favorablement la suggestion, mais lorsqu'à la clôture de la session, le 21 novembre, il prononça l'acte attendu, celui-ci se réduisait à « confier le genre humain » au Cœur immaculé de Marie. Bien que l'assemblée se soit levée pour applaudir, comme dans un Parlement, aux paroles qui venaient d'être prononcées, l'affaire ne fit pas grand bruit et la traduction française des actes du concile publiée en 1967 n'en fait même pas état. Le mot Russie était encore une fois omis par un concile qui s'était bien gardé de condamner le communisme tout en en condamnant la définition :

« On rejette au contraire toutes les formes politiques, telles qu'elles existent en certaines régions, qui font obstacle à la liberté civile ou religieuse, multiplient les victimes des passions et des crimes politiques et détournent au profit de quelque faction ou des gouvernants eux-mêmes l'action de l'autorité au lieu de la faire servir au bien commun. » (*Gaudium et Spes*, IV, 4)

La périphrase contrastait d'une façon notable avec le message marial : « La Russie répandra ses erreurs par le monde, provoquant des guerres et des persécutions contre l'Église. »

XII

Les jours 13 – L'heure de l'attentat L'étau rouge se resserre – La lettre controversée

Le 13 mai va jouer un grand rôle dans la vie de Jean-Paul II. En 1981, ce fut le jour où le tueur turc Mahomet Ali Agça déchargea sur lui son browning 9 mm, en pleine place Saint-Pierre, au milieu d'une foule immense. La date à jamais historique ne manque pas de donner matière à réflexion, le Saint-Père a bien compris lui-même qu'elle n'est pas fortuite. Le signe est d'une clarté aveuglante. Non seulement l'attentat a eu lieu le 13 mai, mais il a eu lieu à 17 h 19. Si l'on intervertit les deux nombres, on trouve : 1917 !

Nous ignorons l'interprétation que Jean-Paul II donne à l'événement, il est difficile pourtant de ne pas penser qu'il y a vu un signe, une sorte de rappel de la Vierge à propos d'une demande qu'elle a formulée et qui n'a pas été exécutée. Coup de semonce ?

Il a manifestement lié les deux choses, puisqu'il faisait écrire aux évêques, l'année suivante, par le cardinal Casaroli, secrétaire d'État :

« Par mandat de Sa Sainteté, je dois vous informer que, en se rendant le 13 mai prochain à Fatima, le Saint-Père désire remercier la Sainte Vierge de lui avoir sauvé la vie lors de l'attentat du 13 mai dernier, et qu'il a également l'intention de renouveler, en union spirituelle avec tous les évêques du monde, les deux actes accomplis par Pie XII. »

Les événements poussaient dans le même sens : le 13 décembre 1981, l'état de guerre est proclamé en Pologne, un Conseil militaire de salut national formé sous la présidence du général Jaruzelski procède à cent mille interpellations, Lech Walesa est interné. Un an après l'invasion soviétique de l'Afghanistan, il est manifeste que l'étau rouge se resserre.

C'est cette tension internationale qui pousse la Conférence épiscopale américaine à s'adresser au pape pour le presser de faire la consécration attendue. Le cardinal Carberry, archevêque de Saint-Louis, écrit : « La cohérence entre les requêtes de la Vierge Bénie et la consécration collégiale de la Russie et du monde est soulignée par le rôle que joue la Russie dans l'établissement du pouvoir militaire en Pologne. C'est un outrage qui menace la paix du monde entier. » Et il précise : « Cette consécration collégiale de la Russie devrait inclure tous les évêques du monde s'unissant avec le pape, au cours d'une cérémonie organisée le même jour. »

Le cardinal a donc bien compris le message de Fatima. Selon ce qu'il révèle, de nombreuses pétitions ont été faites dans le même sens partout dans le monde. Les incitations de tout ordre suffiront-elles à réaliser enfin ce qui ne l'a pas encore été ?

Le voyage du pape à Fatima est particulièrement remarqué cette année-là par suite d'un incident grossi à l'extrême et dont l'annonce fait aussitôt le tour du monde : le pseudo-attentat perpétré par l'abbé Juan Fernandez Krohn. Ce fut le 12 mai 1982 à 23 heures 30, la veille de la consécration prévue, pendant la procession aux flambeaux. La presse s'empara d'un événement aussi sensationnel pour en faire des manchettes qui l'étaient tout autant. « Le pape a échappé de justesse à un horrible attentat ! » Un nouveau 13 mai sanglant, ou qui aurait pu l'être, c'était le scoop rêvé. « Jean-Paul II, visage tiré, a gardé son sang-froid ; il bénit la foule... Pourtant, un an après l'attentat de la place Saint-Pierre, il vient, encore une fois, de risquer sa vie », lisait-on à la Une de *France-Soir*.

Le pape avait d'autant mieux conservé son sang-froid qu'il ne s'était aperçu de rien, comme en témoignera le cardinal Marty qui se trouvait à ses côtés. Le couteau dont on disait le prêtre armé, précisant même qu'il l'avait brandi à trente centimètres de la poitrine pontificale, se révéla être une baïonnette portugaise, puis on sut qu'il ne l'avait pas à la main mais dans le fond de sa valise laissée à l'hôtel. Enfin, rien ne prouvait que cette baïonnette fût plus portugaise qu'une autre, étant utilisée dans plusieurs armées au monde, ni qu'elle eût été dans les bagages du prêtre espagnol avant l'événement. L'affaire n'allait pas au-delà d'une agression verbale, d'une rare violence il est vrai.

Fernandez Krohn, que nous avions connu personnellement en France, avait une nature tourmentée et rigide et nous ne le jugions pas comme très équilibré. Nous avons interrogé deux jours plus tard son ancien supérieur qui était allé le voir dans sa prison à Lisbonne et dont la réponse immédiate a été : « Il est cliniquement fou ». Selon des témoins, son adresse au pape a été faite à peu près en ces termes :

– Tu es responsable de la situation des catholiques en Pologne, tu es responsable de la montée du communisme, de la confusion qui règne en Amérique du Sud. Pourquoi as-tu ouvert l'Église de cette façon-là, avec le concile Vatican II ?

La question réglée, le pape a pu célébrer avec faste le 65e anniversaire de la première apparition devant une foule d'un million de pèlerins, mais qu'en fut-il de la consécration ? Elle eut lieu après la messe du lendemain sans que la presse en dise mot, alors qu'elle devait être l'acte essentiel de la journée. Mais ce n'était pas encore la consécration telle que Notre-Dame l'avait exigée. Jean-Paul II avait buté sur le mot Russie et fragmenté la difficulté. Au cours de son homélie, après l'évangile, il avait dit :

« Le contenu de l'appel de la Dame de Fatima est si profondément enraciné dans l'Évangile et dans toute la Tradition que l'Église sent sa responsabilité engagée par ce message.

« L'Église y a répondu par le serviteur de Dieu Pie XII ; il a voulu, en effet, consacrer au Cœur immaculé de Marie tout le genre humain et spécialement les populations de la Russie. N'a-t-il pas, par cette consécration, donné satisfaction à la résonance évangélique de l'appel de Fatima ? »

Mais au moment d'y procéder lui-même, donc à l'issue de la messe, tandis que beaucoup tendent l'oreille avec espoir, Jean-Paul II a recours au mode périphrastique :

« Nous T'offrons et Te consacrons d'une manière spéciale les hommes et les nations qui ont particulièrement besoin de cette offrande et de cette consécration. »

On est stupéfait de voir à quel point les implications diplomatiques peuvent lier la langue des papes. Quelles pressions ont dû s'exercer dans l'entourage de Jean-Paul II pour qu'il ne soit pas parvenu à sauter l'obstacle dans de telles circonstances, après avoir proclamé hautement que la sauvegarde de sa vie était due à une intervention spéciale de la Vierge !

Autre question d'importance : cette consécration devait être faite en union avec tous les évêques du monde. Or ce ne fut pas du tout le cas et le pape ne leur en avait même pas donné l'ordre. La communication concernant cette affaire se réduit à une lettre de Casaroli datée du 20 avril (trois semaines avant). Nous en avons cité déjà un paragraphe, reprenons-le en ajoutant ce qui suit :

« Par mandat de Sa Sainteté, je dois vous informer que, en se rendant le 13 mai prochain à Fatima, le Saint-Père désire remercier la Sainte Vierge de lui avoir sauvé la vie lors de l'attentat du 13 mai dernier, et qu'il a également l'intention de renouveler, en union spirituelle avec tous les évêques du monde, les deux actes accomplis par Pie XII.

« En vous demandant de bien vouloir accompagner dès maintenant de votre prière son pèlerinage à Fatima afin qu'il contribue à faire grandir dans l'Église la dévotion à Marie et serve à la gloire de la Sainte Trinité, le pape vous envoie de tout cœur une particulière bénédiction apostolique, qu'il étend volontiers à votre communauté ecclésiale.

« Veuillez agréer, Monseigneur, l'assurance de mon cordial dévouement en N.S. et en N.D.

« A. Card. Casaroli ».

Le secrétaire d'État traite l'affaire de manière assez désinvolte. L'importance est donnée à la démarche personnelle du pape, la consécration étant envisagée en supplément, pour faire, si nous osons dire, d'une pierre deux coups. Le ton n'a rien d'intimatif; les termes « accompagnent par la prière » et « en union spirituelle » laissent assez de latitude pour que les destinataires ne se croient pas tenus à des efforts particuliers. Et en effet, personne ou presque en France n'entendit parler de rien. Or il s'agissait obligatoirement d'un acte public, il ne devait pas se limiter à une prière privée que ferait l'évêque vers midi avant de se mettre à table, il devait y intéresser l'ensemble des fidèles de son diocèse. Michel Martin cite le cas d'un de ses amis qui téléphona à l'archevêque de Paris pour savoir si quelque chose était prévu. On le fit passer de secrétaire en secrétaire pour lui dire enfin que l'on n'était pas au courant et que d'ailleurs, le 13 mai, Mgr Lustiger serait absent de Paris.

Le pape s'en rendit certainement compte puisque

pour le renouvellement de l'acte consécratoire, le 25 mars 1984, place Saint-Pierre, il écrivit lui-même une « Lettre du Saint-Père à tous les évêques de l'Église » où il disait : « Je vous saurai gré de bien vouloir, ce jour-là, renouveler cet acte en même temps que moi de la manière que chacun de vous jugera la plus adaptée. » On ignore cependant, faute de données statistiques, dans quelle mesure son désir a été satisfait et, cette fois encore, le mot Russie fut soigneusement contourné.

Le doute subsistait : la requête mariale était-elle satisfaite ? Qui pouvait le dire ? Pour couper court, on finit par produire, plus de cinq ans après, une lettre de Lucie de Fatima datée du 29 août 1989. Elle ne convainquit pas tout le monde. Un spécialiste de la question, l'abbé Caillon, l'ayant étudiée selon des méthodes exégétiques, remarqua qu'il y manquait un mot : Russie. La lettre, faisant l'historique de l'affaire, ne le citait même pas en évoquant la consécration de 1952, c'est-à-dire la seule fois où il avait été employé par Pie XII. Du reste, Lucie ne disait pas que la consécration de la Russie était faite, elle ne parlait que de la consécration du monde. Il fit remarquer, lui qui suivait les choses avec attention, que jusqu'en septembre 1986, « les personnes qui voient facilement Sœur Lucie disaient avec force : " La consécration n'est pas faite. " Puis, à partir de 1988, on se mit à chuchoter : " La consécration est faite. " » C'est le moment où, fêtant le millénaire du baptême de la Russie, on aurait pu s'y employer. Mais c'est alors aussi que, selon cet ecclésiastique, une consigne romaine a obligé chacun à prêter une sorte de « serment sur Cuba » en affirmant que tout était en ordre.

Un souvenir personnel l'aidait à se persuader que tel n'était pas tout à fait le cas. Dans une conversation privée, le 1er août 1984, le pape lui avait dit : « La consécration est faite », mais avait ajouté, comme en se reprenant : « On ne peut pas consacrer la Russie à part. Nous avons consacré toutes les nations en ajoutant une précision concertant “ la nation dont Notre-Dame attend qu'on la lui consacre. ” »

Et l'abbé Caillon concluait : « Le pape a fait tout ce qu'il a pu parce qu'il ne pouvait pas faire plus... Il ne pouvait pas consacrer la Russie à part car il voulait ménager la Russie et les puissances de l'Est, bref toute la gauche mondiale. C'est ce qu'on appelle en allemand l'Ostpolitik. »

L'abbé Laurentin, qui a le sens de la casuistique, règle la question de la lettre de la façon suivante : après 1984, « Lucie semblait pour le moins hésitante », parce qu'on ne voyait toujours rien venir : la Russie n'était toujours pas convertie. Puis, avec la perestroïka annonçant l'effondrement du communisme, elle comprit qu'elle s'était montrée trop pressée et que cette conversion arrivait doucement mais sûrement. Alors elle jugea que la consécration avait été faite et enregistrée Là-Haut. Il écrit : « L'abbé Caillon, qui avait longtemps pensé la série de consécrations insuffisante, s'est rangé à l'avis si clairement motivé de Lucie. » Et il accuse les contrevenants : « Dans leur perspective, (la Vierge Marie) n'apparaît point comme la Mère de Miséricorde, mais comme une fée tatillonne qui guetterait le pape sur un mot magique ou sur une virgule. » Il cite à l'appui une réponse qu'aurait faite Sœur Lucie à la présidente Cory Aquino, admise à lui parler le 12 octobre 1992 : « Les deux superpuissances allaient vers une collision qui aurait détruit le monde. Quand le Saint-Père fit la consécration, le 25 mars 1984, en même temps que les évêques du monde entier, Dieu comprit le cœur du pape sans qu'il mentionne la Russie, et Dieu accepta cette consécration et guida les événements. C'est Dieu qui amena Gorbatchev au Vatican pour rencontrer le Saint-Père et qui ouvrit les esprits des leaders communistes et changea leur cœur, pour la paix. »

Cette polémique nous présente une Sœur Lucie fort dépendante des événements et lisant tout à coup un peu trop les journaux. Gorbatchev a révélé au pape qu'il était baptisé, ce qui a fait fondre le cœur des chrétiens du rang, avant que Boris Eltsine se soit mis à aller à la messe dans les grandes occasions. Des connaisseurs de la Russie prétendent cependant que ce qui se passe dans l'ex-URSS est moins un retour à la foi qu'une effervescence de spiritualité dont bénéficient abondamment les sectes. La Russie est d'autre part toujours schismatique; les orthodoxes dénient violemment aux catholiques le droit de chasse sur leur territoire. Enfin, le danger de guerre présenté par les pays qui constituaient l'Union soviétique est-il réellement écarté? Trop d'inconnues encore pour trancher en se référant à l'évolution de la situation politique internationale. L'avenir, sans doute proche, nous dira si le mot Russie a cessé d'être tabou.

XIII

Acrobaties intellectuelles
Un arrière-fond de politique
L'intérêt de savoir le portugais
La bombe américaine

La publication du message de Fatima en 1942 et sa ratification implicite par le pape Pie XII ont coïncidé avec la nouvelle vague moderniste, très sensible dès les années de la guerre et qui déferlera sur l'Église à la fin du pontificat. Le Petit Larousse définit fort bien le modernisme comme une « tendance à mettre la théologie, l'exégèse, la doctrine sociale et le gouvernement de l'Église d'accord avec les données de la critique historique et de la philosophie modernes, et avec ce qu'on croit être les nécessités de l'époque où l'on vit. »

Pie X avait donné un coup d'arrêt à la première crise moderniste en 1907, avec le décret *Lamentabili* et l'encyclique *Pascendi*. Lorsque la Vierge apparaît à Fatima, les derniers remous sont à peine apaisés. En 1942, la divulgation de son message va provoquer l'hostilité des milieux à nouveau engagés dans le modernisme, pour de nombreuses raisons que nous allons exposer.

L'attaque vient de Belgique, où un professeur de l'université de Louvain – celle dont partira plus tard la théologie de la libération –, le R.P. Dhanis, sans nier catégoriquement le fond des apparitions, qui en soi ne font de mal à personne, veut démontrer que tout ce qui a suivi a été rajouté pour les besoins de la cause. Il voit des indices douteux dans le fait que le message n'ait été révélé par Lucie que tardivement et rendu public plus tardivement encore. Il accepte *grosso modo* le miracle solaire, tout en cherchant à mettre les témoignages en opposition les uns avec les autres. Il porte enfin tous ses efforts sur le secret, qui est le morceau le plus gênant parce qu'il va à l'encontre des « données de la philosophie moderne », c'est-à-dire celle des philosophes allemands du XIXe siècle qui font fureur dans les facultés de théologie. L'adage *Testis unus, testis nullus* (Un seul témoin, pas de témoin) lui permet de contester les déclarations de Lucie, dont il ne met pas en cause la bonne foi mais dont il analyse la psychologie pour conclure à une douce mythomanie provoquée par le choc des événements : la guerre, l'aurore boréale, l'instauration du régime des Soviets, etc. Cauteleux, le P. Dhanis exploite toutes les subtilités du langage, ne formule jamais de jugements abrupts, insinue beaucoup, avance des pions et les retire, ratiocine sur le texte de la prière apprise aux enfants par l'Ange, y voit une formule « ni hérétique ni fausse, mais peu exacte. »

Le P. Dhanis se manifeste à partir de 1944. Ses idées sont reprises sans tarder par le futur cardinal Journet, qui se fonde uniquement sur son confrère car il n'a pas étudié la question personnellement, n'a rien lu d'autre, n'a pas été à Fatima. Il utilise un style beaucoup plus incisif : « On nous parle, écrit-il dans *Les Études*, d'une danse du soleil, d'une pluie de fleurs, et après cela on nous dit que le plus grand miracle, le miracle des miracles, est la situation florissante actuelle du Portugal. Pour qui donc nous prenez-vous, messieurs ? L'imprimatur peut vous garantir des hérésies, il est impuissant contre la bêtise. O grande Vierge mystérieuse de l'Évangile de Noël et de l'Évangile de la Crucifixion! Ô grande Theotokos bénie, à la fois redoutable et maternelle! Vos fidèles, en ces jours où ils ont plus besoin de Vous que jamais, n'auront-ils donc à respirer que ces fleurs en papier? »

L'abbé Journet a montré le bout de l'oreille : « la situation florissante du Portugal ». Sa méfiance envers Fatima repose sur un arrière-fond politique, ce qui sera toujours une composante du « mouvement antifatimiste », Vingt ans après, le P. Rouquette, directeur de la même revue jésuite *Les Études*, reprendra cet aspect en le développant. Nous sommes en 1967, Paul VI, le premier pape à être allé à Fatima, a remercié publiquement les autorités civiles de leur participation à l'organisation du 50e anniversaire. « N'était-il pas à craindre, écrit alors le P. Rouquette, que le passage du pape à Fatima ne semblât cautionner la politique des catholiques au pouvoir au Portugal, leur colonialisme, leur totalitarisme antidémocratique? » A quoi un autre jésuite, portugais, le P. Manuel Versos Figueiredo, répliquait : « Le mot démocratie couvre toute une gamme de formules de gouvernement, même les plus tyranniques. Chez nous, ce nom évoque un célèbre " Parti démocratique " qui, dans son programme, se proposait d' "anéantir le catholicisme au Portugal dans un délai de deux générations ". »

La presse progressiste chrétienne se sent mal à l'aise à propos de Fatima pour cette même raison : le régime de Salazar. La Vierge, dont les apparitions semblent avoir déclenché la Révolution nationale, serait-elle de droite?

Comme Journet avait cité Dhanis, Rouquette cite abondamment Journet. « De l'aveu de tous, remarque Frère Michel de la Sainte-Trinité, le P. Dhanis est le seul critique catholique qui se soit opposé sérieusement à Fatima... Tous ceux qui l'ont suivi n'ont fait que le recopier servilement, rabâchant ses arguments, en y ajoutant plus ou moins de passion antifatimiste. »

La passion politicienne a détourné une affaire qui est avant tout spirituelle et se situe sur un plan beaucoup plus élevé.

Mais le voyage de Paul VI était, sous d'autres rapports aussi, pour le P. Rouquette et ses amis, une démarche difficile à accepter : « Bien des chrétiens, et pas seulement des protestants, ont été gênés par la caution que le pèlerinage du pape semblait donner à tout ce qu'évoque le fait de Fatima ». C'est une autre composante de la réaction antifatimiste : la mode est à un œcuménisme qui consiste à gommer les aspects du catholicisme en contradiction avec les conceptions des « frères séparés ». La répugnance des protestants au culte d'hyperdulie rendu à la Vierge Marie par les catholiques est bien connue. A Fatima, ce culte prend des proportions triomphalistes peu conformes au « profil bas » adopté depuis le concile Vatican II.

En bon jésuite, le P. Rouquette doit pourtant ménager le pape. Il le fait en écrivant qu'après tout, Paul VI s'est montré assez indifférent à ce « fait de Fatima » : « Une brève allusion à l'anniversaire des apparitions et à la consécration du monde instituée par Pie XII ; rien sur le message de la Vierge ; un refus de recevoir en privé la seule survivante des voyants, la sœur Lucie. »

Mais ces notations par lesquelles il se rassure ne suppriment pas le fait que le pape soit quand même allé à Fatima. Il tâche d'en trouver une raison plausible : Paul VI ressentait une « angoisse dévorante devant la menace contre la paix dans le monde. C'est pourquoi, après avoir hésité à se rendre au Portugal pour des raisons évidentes, il a fini par se décider. »

Curieuse attitude d'un pape qui « se décide » comme on finit par aller au cinéma un soir où l'on n'avait pas vraiment envie de sortir ! Sans y croire vraiment, il aurait sacrifié à une pratique de dévotion populaire, à la manière d'un homme politique envoyant mille francs aux bonnes œuvres à la veille d'une élection pour mettre toutes les chances de son côté.

Paul VI s'est-il d'autre part montré « indifférent » à l'égard de Sœur Lucie ? On doit observer au contraire qu'il l'a faite monter sur l'estrade où trônait la statue de la Vierge, l'a prise par la main et l'a présentée à la foule de deux millions de pèlerins qui se pressait sur l'esplanade. Barthas rapporte que le souverain pontife lui-même avait fait une obligation à la voyante de violer la clôture carmélitaine pour assister à ses côtés à la cérémonie.

Si Rouquette s'était assuré de ces choses en regardant la télévision ou les photos parues dans les journaux, il se serait convaincu que le pape cautionnait bel et bien et Fatima, et la voyante qui avait transmis le message de la Vierge. Le P. Dhanis – dont son confrère le P. Figueiredo, qui l'a bien connu à Louvain, déplore qu'il ne connaisse pas le portugais, « condition qui me semble essentielle pour faire un essai vraiment critique sur Fatima et sur ses documents en portugais, et en un portugais d'une paysanne assez illettrée » – est vite devenu le chef de file de la contestation antifatimiste. En faisant son éloge en 1961, l'abbé Laurentin, qui semble plus à l'aise à Medjugorje qu'à Fatima, nous aide à comprendre une chose importante : « Les intentions du P. Dhanis étaient loyales, ses conclusions sur le fond des choses réservées ; quant à la manière de procéder, elle était simplement celle qui régit la critique historique en tout domaine, fût-ce celui de l'Écriture sainte. Il n'en fut pas moins traité en impie. »

La « critique historique », nous l'avons vu par la définition du Petit Larousse, est un des trois constituants principaux du modernisme.

Cette « critique historique » est précisément celle qui a permis aux modernistes de démanteler la foi chrétienne avec des méthodes pseudo-scientifiques. Leur démarche la plus caractéristique dans l'exégèse des Livres saints est de négliger les « documents », notion bien connue des historiens, c'est-à-dire en premier lieu les faits qui sont rapportés dans ces livres, pour se livrer à des acrobaties intellectuelles ne reposant que sur leurs propres estimations. C'est ainsi que des théologiens de renom comme Walter Kasper ont cru bon de faire le partage entre les miracles de Jésus qui sont admissibles (certaines guérisons) et ceux qu'il faut rejeter (la tempête apaisée, la marche sur les eaux), de contester sa résurrection physique, son ascension, sa naissance virginale et, en somme, tout ce qui constitue la religion.

Rien d'étonnant à ce qu'appliquant leurs ingénieux raisonnements à des manifestations comme le prodige solaire de Fatima, ils découvrent, comme le P. Dhanis, qu'il « repose sur des témoignages solides », avant d'en soupeser les ingrédients pour faire la part des choses : « Nous avons distingué d'une part le phénomène de la chute du soleil et de sa remontée en zigzag, que nous n'avons pas osé accepter, et d'autre part le phénomène des tremblements, des secousses et du commencement de chute, que nous avons admis. » Les phénomènes cosmiques déplaisent généralement aux modernistes, qui sont des gens graves, raisonnables, équilibrés et fuyant comme la peste tout ce qui ressemble à du surnaturel. De toute évidence, à Fatima, la Vierge en a trop fait; leur esprit, que l'on pourrait qualifier aussi de petit-bourgeois ou de « biedermeier », ne veut en retenir qu'une partie. Kasper et ses semblables concèdent à Jésus un certain don de guérisseur qui explique sa capacité à chasser les démons ou à faire baisser la fièvre de la belle-mère de Pierre, mais son action sur la nature leur paraît à rejeter parce qu'elle est impossible. Karl Rahner, un autre démythifieur des vérités de la foi, s'était inscrit d'office parmi les disciples du P. Dhanis.

Le P. Dhanis, dont les travaux ont été brillamment réfutés par une série impressionnante d'historiens, de vrais scientifiques et de théologiens, a été invité par l'évêque de Fatima à venir sur place consulter les documents et interroger les nombreux témoins vivant encore à l'époque de ses écrits, mais a préféré s'abstenir.

A ces raisons expliquant pourquoi les modernistes n'aiment pas Fatima, nous en ajouterons plusieurs autres.

La vision de l'enfer ne correspond plus aux vues des théologiens actuels, ni à celles d'un nombre appréciable d'évêques français. Dans un ouvrage collectif paru en 1978 (*Des évêques disent la foi de l'Église*), on pouvait lire : « L'enfer, c'est simplement une manière de parler du Christ adressée à des hommes peu évolués religieusement; nous avons évolué depuis », et « Voir dans l'enfer un châtiment que Dieu infligerait à quelqu'un qui, conscient de ses fautes, ne s'en repentirait pas, est inacceptable. Inacceptable aussi, la peur engendrée par l'enseignement selon lequel, si la mort nous surprend en état de péché mortel, c'est la damnation. ». Or l'enfer est une vérité de foi, comme Rome, inquiète de voir des évêques prendre cette position, le rappelait l'année suivante dans un document de la Congrégation pour la doctrine de la foi : le mot " âme " est à conserver, y lisait-on, l'Église a toujours désigné ce principe par ce mot et nie qu'il y ait des motifs valables d'en changer; à la vie terrestre succède une vie éternelle dans laquelle les justes iront au paradis et les réprouvés en enfer. C'est bien ce que dit Notre-Dame : « Faites des sacrifices pour les pécheurs, car beaucoup d'âmes vont en enfer... »; elle enseigne aussi aux enfants une prière, récitée maintenant par les fidèles après chaque dizaine de chapelet, qui contient cette demande : « Préservez-nous du feu de l'enfer. »

La damnation rétablit la justice bafouée sur cette terre et il est évident que les modernistes, qui font profession de défendre la justice en allant au secours des opprimés, sont embarrassés pour nier toute idée de sanction dans l'au-delà. Force leur est de dire qu'ils combattent pour un monde meilleur et plus juste dès cette vie, et donc de faire le silence sur l'éventualité d'une vie après la mort. Mais il ne s'agit plus de la religion chrétienne.

L'idée de châtiment divin leur est tout aussi odieuse parce que, disent-ils, Dieu est bon. On la trouve pourtant présente partout dans la Bible, depuis la destruction de Sodome et Gomorrhe dans l'Ancien Testament jusqu'à la celle de Jérusalem prédite par Jésus dans l'Évangile. Le message de Fatima en est imprégné : « La guerre va vers sa fin, mais si l'on ne cesse pas d'offenser le Seigneur, sous le règne de Pie XI il en commencera une autre pire. » Il en va de même du problème du mal, que les théologiens actuels ne savent plus comment résoudre et ne résolvent d'ailleurs pas. Fatima exalte la valeur réparatrice de la souffrance, fait prédominer le souci des fins dernières sur le bonheur présent.

L'arrière-plan politique affleure à nouveau à propos de la paix. Ceux que Michel de Saint-Pierre appelait « les nouveaux prêtres » sont favorables au Mouvement mondial pour la paix, fer de lance de la propagande soviétique. Ce mouvement tient son premier congrès en 1948 en Pologne et le deuxième à Prague et à Paris l'année suivante. Comme le note David Caute (*Les Compagnons de route*, Éd. R. Laffont) : « Le mot d'ordre était : la paix. Mais il avait une portée spécifique, comme le démontra chaque congrès; il signifiait : à bas le plan Marshall, le Pacte atlantique, le réarmement de l'Occident et le nouvel État ouest-allemand! A bas la bombe américaine! mais pas la bombe soviétique. » La paix, selon la Vierge de Fatima, est au contraire menacée par la Russie à tel point que si celle-ci se convertit, « il sera concédé au monde un temps de paix ». La guerre est le produit des erreurs de la Russie. La consécration faite par le pape permettra de sauver la paix.

Il n'y a pas entre les deux formules simple divergence, mais antinomie absolue.

XIV

Qui a peur de Fatima?
Préservez-nous du feu de l'enfer
Un black-out bien orchestré – Notre-Dame au Kremlin

Nous ne nous écartons pas de notre sujet, le troisième secret de Fatima, en énumérant les raisons pour lesquelles ces apparitions ne plaisent pas aux modernistes ; au contraire, nous nous en rapprochons. Les adversaires les plus résolus de Fatima sont les nouveaux théologiens, qu'un père jésuite appelait « théologiciens » pour montrer qu'ils se préoccupent plus de philosophie que de théologie, cette philosophie étant exclusivement celle de Kant, Hegel, Nietzsche, Husserl et Heidegger. Le message transmis par les petits bergers, qui n'avaient évidemment jamais même entendu prononcer ces noms barbares, donne un démenti sur tous les points aux nouvelles idées à la mode dans l'Église depuis trente ans. Il ne s'agit plus ici de politique mais de doctrine.

1. L'Ange des apparitions préliminaires commence la catéchèse en parlant aux enfants de la Sainte-Trinité. Dans une apparition ultérieure, en 1929 à Tuy, Lucie aura la vision du mystère de la Trinité, dont elle rend compte dans sa lettre au pape en ces termes : « ... Une nuit, il y avait seulement la lumière de l'unique lampe du sanctuaire... Tout à coup, une lumière surnaturelle illumina toute la chapelle et sur l'autel apparut une croix de lumière qui

arrivait jusqu'au plafond; dans une lumière encore plus claire, on voyait dans l'espace au-dessus de la croix un visage humain avec le corps jusqu'à la ceinture (le Père), sur sa poitrine une colombe (l'Esprit Saint), et, cloué sur la croix, le corps d'un autre homme (le Fils)... Sur le bras droit de la croix il y avait Notre-Dame... Je compris qu'il m'était montré le mystère de la Très Sainte Trinité et je reçus sur ce mystère des lumières qu'il ne m'est pas permis de révéler. »

Or une offensive antitrinitaire s'est dessinée dans l'Église, en grande partie sous l'influence de l'islam. Un des théologiciens les plus honorés, Karl Rahner, a même été jusqu'à écrire : « Une théologie démythisante bien comprise devra se rendre compte que des propositions comme : il y a trois personnes en Dieu, Dieu a envoyé son Fils dans le monde, ou : nous sommes sauvés par le sang de Jésus-Christ, sont purement et simplement incompréhensibles pour l'homme moderne... Elles font la même impression que la pure mythologie dans une religion du temps passé. » Si nous reprenons la définition du Petit Larousse, décidément bien faite, nous reconnaissons le troisième principe du modernisme : « Mettre la théologie d'accord... avec ce qu'on croit être les nécessités de l'époque où l'on vit ». Un Dieu unique en trois personnes ne semble plus adapté aux « hommes de notre temps ».

2. L'Ange, à sa troisième manifestation au Cabeço, fait participer les enfants au sacrement de l'Eucharistie. C'est ce que les historiens de Fatima appellent « la grande théophanie eucharistique ». Il leur donne la communion sous les deux espèces en leur faisant offrir « le très précieux Corps, Sang, Ame et Divinité de Jésus-Christ, présent dans tous les tabernacles de la Terre » et poursuit par ces mots : « En réparation des outrages, sacrilèges et indifférences par lesquels Il

est Lui-même offensé... » Cette mystérieuse cérémonie à mi-chemin entre le ciel et la terre a tous les attributs d'une messe, puisqu'elle comprend un offertoire et une communion, les saintes espèces étant de toute évidence consacrées par le Christ lui-même. Fatima s'oppose donc à une tendance très répandue de considérer la messe comme un simple repas fraternel et familier, et de ne plus croire à la Présence réelle. La messe de l'Ange du Portugal est bien un sacrifice de réparation, contrairement à ce que dit Rahner dans la phrase citée ci-dessus.

3. Fatima proclame l'existence des anges, contestée par de nombreux théologiciens, et leur rôle éminent auprès de Dieu et auprès des hommes.

4. Fatima atteste l'existence de l'enfer, comme nous l'avons dit, mais aussi celle du purgatoire, contrairement aux manuels de catéchèse qui prétendent y voir « une invention des chrétiens du Moyen Âge ».

5. Notre-Dame atteste l'existence du ciel, d'où elle vient (« Je suis du ciel »), elle le promet aux enfants et les presse de prier pour que les pécheurs se convertissent et y aillent. Le Père Pohier a été condamné par Rome pour avoir « nié la vocation de l'homme à la vie éternelle avec Dieu ». Pour Kasper, le ciel est « la transformation et l'humanisation du monde grâce à la violence de l'amour ». Il répute « mythologique » ce que les catéchismes ont toujours défini comme le « lieu de bonheur parfait où les anges et les saints voient Dieu et le possèdent pour toujours ». La plupart des autres théologiciens en donnent une explication si abstraite et si tarabiscotée qu'on finit par avoir peur d'y aller. En 1979, Rome a jugé utile d'envoyer une lettre apostolique aux évêques pour leur signaler que « l'au-delà existe toujours ».

6. Notre-Dame de Fatima inculque aux enfants un profond respect pour « le Saint-Père » et son autorité

souveraine, contrairement aux novateurs qui refusent de voir en lui autre chose qu'un « père évêque » parmi d'autres.

7. Elle les incite à réciter inlassablement le chapelet, pratique combattue par la nouvelle pastorale, y compris dans les séminaires, sous prétexte que « ça ne sert à rien de rabâcher ».

L'étrange silence qui est fait aujourd'hui sur Fatima découle de toutes ces raisons. Elles expliquent aussi que le message soit dénaturé, comme le montre l'exemple suivant. Des pèlerins nous ont dit avoir vu sur la porte de la basilique en 1992, l'année du 75e anniversaire, un bel écriteau proposant comme intention de prière : « Pour un meilleur partage des biens de la Création. »

Après tout ce que nous venons d'exposer, il est difficile de ne pas voir dans ce propos tout à fait hors sujet une tromperie. Les millions de pèlerins qui font chaque année le voyage de Fatima cherchent autre chose qu'un remake du Sommet de la Terre de Rio. Nous avons beau relire les phrases prononcées par Notre-Dame, nous n'y trouvons pas trace de répartition des richesses ni d'écologie. Elle est venue parler essentiellement du salut éternel et de conversion.

Un autre exemple est fourni par la façon dont a été célébré ce 75e anniversaire, qui d'autre part pose une énigme : c'était un événement assez important pour que le pape eût délégué à Fatima son secrétaire d'État, Mgr Sodano, en qualité de légat pontifical. S'y trouvait aussi le cardinal Casaroli, son prédécesseur à la tête de la curie romaine. Or *La Croix*, quotidien de l'épiscopat français, n'avait même pas annoncé l'événement et par la suite n'y consacra pas une seule ligne. On pouvait compter lire les discours dans *La Documentation catholique*, qui consacre systématiquement autant de place qu'il en faut à la moindre homélie du pape, du secrétaire d'État ou des présidents des conférences épiscopales. Mais *La Documentation catholique* s'est montrée d'un mutisme aussi absolu. Il n'est pas vraisemblable qu'il se soit agi dans ces deux cas d'un oubli et nous avons les preuves du contraire, comme nous allons le voir.

A cette commémoration, donc, où figuraient comme invités d'honneur l'ancien secrétaire général de l'ONU Javier Perez de Cuellar, l' « évêque rouge » Dom Helder Camara et Jean Comblin, l'un des fondateurs de la théologie de la libération, les deux cardinaux ont pris la parole pour prononcer des allocutions dont voici quelques extraits.

Cardinal Sodano : « Les apparitions eurent lieu en 1917, au plus fort de la Première Guerre mondiale qui provoqua la désintégration des familles et des peuples et augmenta les haines et les vengeances. Les relations entre les diverses forces sociales étaient conflictuelles et fratricides, tandis que l'on considérait la lutte des classes comme un facteur de progrès. A Fatima, la Reine de la paix lança un vigoureux appel à la solidarité humaine, engageant les croyants dans un vaste mouvement de sainteté et de réparation dans lequel chaque frère sauverait son frère. »

La Vierge Marie lançant un vigoureux appel à la solidarité a de quoi laisser rêveurs ceux qui ne sont pas habitués aux meetings politiques. Le secrétaire d'État, après une phrase ne trahissant pas une inspiration particulière : « Le sanctuaire de Fatima est un lieu privilégié doté d'une valeur spéciale : il contient en lui-même un important message pour notre époque », prononça une objurgation étonnante : « Je demande à Dieu qu'Il illumine l'humanité pour que les hommes sachent voir en Jésus-Christ le sens de la vérité, pour qu'ils puissent mener à bonne fin d'une façon renouvelée l'idée d'un ordre international efficace, propre à éviter de nouvelles guerres, faisant prévaloir la solidarité et l'aide désintéressée entre tous. »

La charité, la communion des saints réduites à la solidarité maçonnique et à l'humanitarisme n'ont plus besoin de Jésus-Christ. Mais ce qui frappe est cet appel à un nouvel ordre international évoquant les ambitions politiques des États-Unis trilatéralistes. Où est la voix qui murmurait sur le chêne vert : « Sacrifiez-vous pour les pécheurs et dites souvent, mais spécialement en faisant quelque sacrifice : O Jésus, c'est pour Votre amour, pour la conversion des pécheurs et en réparation des offenses faites au Cœur immaculé de Marie » ?

La conversion des pécheurs, la prière humble et confiante étaient à cent lieues de l'esprit du cardinal Casaroli quand il lança à son tour : « Jusqu'à une époque récente, la voix de l'Église et des papes dut s'élever pour mettre en garde les deux superpuissances contre les dangers et les dommages créés par la course aux armements, avec la menace d'une possible destruction de la planète, pendant que se gaspillaient les énergies humaines et les moyens financiers et que les carences de l'humanité allaient en augmentant. À présent, il faut créer une autorité internationale compétente et dotée des moyens nécessaires. La formation de cette conscience est le champ d'action fondamental de l'Église en faveur de la paix. »

Elle avait l'air toute perdue, la petite Notre-Dame, avec ses prières et son chapelet, et son cœur brodé d'épines. Ces hommes d'action, ces réalistes, l'Ostpolitik ayant crevé entre leurs bottes, avaient sauté comme Buffalo Bill sur un nouveau cheval et se faisaient forts, avec un nouvel ordre mondial, une autorité internationale compétente dotée des moyens nécessaires, de rétablir la paix sur la planète où les « croyants » se sauveraient l'un l'autre, à coups de solidarité, sans chercher midi à la Cova da Iria.

Le black-out pratiqué par la presse catholique française a une histoire assez singulière qui remonte à l'après-guerre. En 1947, une initiative venue des prêtres allemands donne naissance à un mouvement de grande ampleur qui prend le nom de Route mondiale de Notre-Dame de Fatima. Une reproduction de la statue du Gilbert, désormais connue partout, quitte le sanctuaire de Fatima le 13 mai. Sa traversée d'une partie du Portugal et de l'Espagne est un triomphe; des foules immenses accourent, les villes et villages où elle passe décrètent ce jour-là jour chômé, les théâtres et cinémas font relâche, les alcades viennent remettre aux pieds de la Vierge leur bâton de magistrature, des confessions en masse, des demandes de baptême jalonnent le parcours, et cela se répétera pendant douze ans dans tous les pays traversés.

L'objectif initial est d'arriver le 1er septembre à Maastricht, où il est prévu que la Vierge préside le congrès marial dont la clôture coïncidera avec la signature du traité constituant le Benelux. Mais pour aller d'Espagne en Hollande, il faut passer par la France. On assiste alors à une levée de boucliers. *La Croix* de Paris émet le vœu que la statue aille directement d'Espagne en Italie en prenant le bateau. Quand elle se présente à la frontière, à Hendaye, frontière fermée depuis 1936, le blocus décidé à Yalta ayant fait suite à la guerre civile d'Espagne, le chanoine Barthas, qui s'y trouve, a l'impression que la police a reçu des ordres pour empêcher Notre-Dame de franchir la Bidassoa. La foule venue l'accueillir, composée principalement de Basques, commence à gronder; deux évêques, celui de Bayonne et celui de Vittoria, interviennent. Le chef de poste ne sait comment résoudre la difficulté, il se renseigne sur l'itinéraire et a tout à coup une idée : il va voir les douaniers et revient avec un bon de dédouanement pour la Belgique, qu'il colle sur le socle de la statue. Pendant le temps qu'elle franchit le pont, Notre-Dame de Fatima est considérée comme une marchandise sans valeur déclarée.

Elle va traverser la France dans le plus complet silence des médias, ayant tout juste été acclamée à Lourdes où par hasard se trouvait un groupe de trois cents Portugais. Après Maastricht, elle recevra un accueil triomphal en Belgique où elle embarquera à Anvers pour retourner au Portugal, et ce sera son premier périple.

Entre-temps, le 15 octobre, les organisateurs lui ont fait faire un saut jusqu'à Paris, ce qui a donné lieu, sur le parvis de la cathédrale, à une cérémonie rassemblant presque exclusivement des Russes et des Portugais, les Français n'ayant pas été tenus au courant par leurs journaux, à l'exception du général Leclerc, qui s'est engagé devant elle à la récitation quotidienne du chapelet.

Comment expliquer cet ostracisme, dont nous allons voir qu'il se poursuit jusqu'à nos jours? 1947 – on s'en souvient à peine – est l'année terrible où la France fut près de basculer dans l'orbite soviétique. Le Parti communiste provoque un état de crise; ses ministres, après avoir refusé de voter les crédits pour l'Indochine, sont évincés du gouvernement, l'obstruction parlementaire est menée par ses députés qui seront expulsés de l'hémicycle en novembre, ses troupes de choc organisent des grèves insurrectionnelles, sabotent les voies ferrées: on comptera seize sabotages ayant provoqué sept déraillements, c'est une nouvelle bataille du rail, contre la France cette fois. Des manifestations violentes éclatent à Marseille; le 5 décembre, le gouvernement rappellera 30 000 hommes de la classe qui a été libérée quelques jours plus tôt. L'URSS ne semble avoir été détournée de son plan d'invasion que par la crainte de voir les États-Unis intervenir.

Les catholiques de gauche sont acquis à la fatalité

du communisme ou séduits par l'analyse de Marx. Ils tiennent les médias, *La Croix*, *Témoignage chrétien*, *La Vie catholique illustrée*, *Le Monde*, lancé par des démocrates-chrétiens, ainsi que de nombreux journaux de province. Pie XII mentionnera plusieurs fois cette collusion et, dans son radio-message de Noël, stigmatisera l'infiltration des milieux catholiques : « Dans la lutte titanesque entre les deux esprits opposés qui se disputent le monde, il y a des déserteurs et des traîtres. »

Pour tous ceux-là, la Vierge de Fatima venait des pays qu'ils considéraient comme fascistes, ils ne se demandaient pas si elle venait du ciel. L'idéologie l'emportait sur l'esprit chrétien, ils ne s'intéressaient plus qu'au paradis soviétique.

La statue miraculeuse entreprend alors un vaste tour du monde, elle s'envole pour les États-Unis qui lui réservent un accueil enthousiaste. Dans une ville comme Buffalo, qui ne compte que 50 000 catholiques, elle est entourée par 200 000 personnes. En Afrique – possessions françaises exceptées, où sévit le même ostracisme qu'en France – les païens viennent lui faire fête et se convertissent massivement. Parmi les conversions, on enregistre au Kenya celle du fondateur des Mau-Mau, Jomo Kenyatta, qui devait être président de la République de son pays pendant quatorze ans.

En Inde, la Vierge est ovationnée. A Goa, son arrivée est immédiatement suivie de la cessation de la guérilla, toutes les castes mélangées s'empressent autour d'elle, le Pandit Nehru déclare : « Votre passage est le plus important événement de notre histoire. » Le chanoine Barthas relate un événement auquel toute la presse du pays a fait écho et qui a eu un grand retentissement : « Il y eut, hélas, quelques rares cas de châtiment de blasphémateurs. Citons seulement celui de ce journaliste jacobite de Trichur qui avait signé un article contre la maternité divine de Marie et contre ce qu'il appelait l'idolâtrie d'une statue. Au moment où le train spécial qui portait la statue arrivait en gare, accueilli par une foule de 50 000 hommes en manteau blanc et de 50 000 femmes en sari bleu, il tomba foudroyé par un mal mystérieux dont aucun médecin ne trouva la nature; il expira trois jours après, au moment même où la Vierge rentrait dans son wagon fleuri pour continuer son périple. »

Au Pakistan, ce sont les musulmans qui viennent lui rendre honneur. Puis elle se dirige vers l'Australie et l'Océanie, va en Corée, part pour l'Amérique du Sud, visite l'Italie où le cardinal Lercaro racontera : « Comme un refrain, revient sans cesse la même réalité : la fréquentation incroyable des sacrements, l'émerveillement du clergé local en voyant les ciboires se vider et les confessionnaux ne pas désemplir, les signes d'un vrai retournement intérieur et les innombrables conversions constatées. Dans les villes, il fallait réunir quarante ou cinquante confesseurs pour satisfaire les fidèles. »

Curieusement, la Route mondiale, qui avait pour inspirateurs des prêtres allemands désireux de favoriser, après la guerre, la réconciliation entre les peuples, avait laissé l'Allemagne de côté. On disait, et cela paraissait une évidence : la Vierge de Fatima ne peut aller en Allemagne. Curieusement aussi, c'est au cardinal Frings qu'est due la levée de cet interdit. L'archevêque de Cologne imposera au concile Vatican II, avec trois autres novateurs, la dérive libérale qui précipitera la crise de l'Église. Mais en 1954, en pasteur consciencieux, il fait faire une reproduction de la Vierge du Gilbert et organise un circuit à travers les soixante-trois districts de son diocèse, qui est très étendu. Le même effet est constaté qu'en Italie : des prêtres restent quatorze heures au confessionnal.

En octobre 1992, nous étions averti par une libraire voisine de Saint-Sulpice à Paris que des pèlerins américains porteurs d'une statue de Fatima avaient envahi la place, assisté vraisemblablement à une messe dans l'église, puis étaient repartis comme ils étaient venus. Retenue par son commerce, elle n'avait pas pu en savoir plus. Sans elle, nous aurions sans doute ignoré un événement assez remarquable dont personne n'avait parlé et sur lequel nous avons pu enquêter. Beaucoup de ces quelque mille personnes étaient en 1947 de tout jeunes gens. Ayant assisté au congrès mondial de la jeunesse tenu le 13 mai de cette année-là, ils avaient fait le vœu de revenir à Fatima pour le 75e anniversaire.

Quarante-cinq ans plus tard, ils étaient là, ce qui prouve accessoirement que les enthousiasmes de la Route mondiale n'étaient pas un feu de paille. Mais ce qu'il y a de notable dans leur cas, c'est qu'ils purent se diriger ensuite vers la chapelle de la Médaille miraculeuse de la rue du Bac puis remonter dans leurs cars pour aller à Lourdes dans l'indifférence la plus complète. A Lourdes, ils furent regardés avec méfiance par les chapelains et quittèrent la France pour Fatima, d'où ils s'envolèrent dans des charters pour Moscou.

Le 18 octobre, ils forçaient les barrages de police qui gardaient, d'ailleurs mollement, la place Rouge et procédaient, à l'angle qui fait face au mausolée de Lénine, au couronnement de Notre-Dame de Fatima. C'était la première fois que celle-ci pénétrait dans l'enceinte si longtemps interdite à Dieu, réalisant une vision de saint Maximilien Kolbe avant sa mort. Si l'événement a été retransmis aux États-Unis par la télévision, la presse catholique française installée, fidèle à la consigne, n'en a pas soufflé mot.

XV

Le soulier de Khrouchtchev – De Gaulle excommunié
Le successeur de saint Rémi
L'arme absolue qui fit long feu

L'année 1960 est celle où, contre l'attente générale, ne fut pas révélé le troisième secret de Fatima. Sur le plan international, ce fut aussi l'année Khrouchtchev. Le premier secrétaire du PCUS se sentit pris d'une passion pour l'Occident qui l'amena à y faire deux voyages au cours de l'année. Pour mémoire, citons son séjour en France du 23 mars au 3 avril, au cours duquel le général de Gaulle lui fit visiter les grandes réalisations industrielles et agricoles françaises, en donnant pourtant l'ordre de ne pas le promener en Beauce : il craignait de donner des idées à l'homme qui avait lancé dans son pays l'opération Maïs et s'était fait photographier en train de dévorer goulûment un gros épi doré.

Mais un autre fait mérite d'être évoqué. Dans le programme des réjouissances fut inscrite la visite de la cathédrale de Reims par « Monsieur K » qui venait de faire fermer dix mille églises en URSS. L'archevêque de Reims, Mgr Louis Marmottin, réagit avec la dernière énergie contre cette prétention. Les Beaux-Arts ayant fait valoir le droit de propriété de l'État sur la cathédrale en vertu de la loi de séparation, il écrivit une lettre comminatoire au président de la République. Il lui remettait en mémoire les excommunications prononcées par saint Pie X contre les spoliateurs, condamnations « qui demeurent et ne peuvent tomber en désuétude », puis lui signifiait qu'elles frappaient « quiconque, serait-il à la tête de l'État, prétendrait exercer un droit de propriété fondé sur des fictions légales. » Il faudrait tout citer de cette injonction où l'on peut lire : « Le successeur actuel de saint Rémi considère qu'il est du devoir de sa charge de vous mettre en garde... Nous avons le regret, Monsieur le Président, de vous faire connaître qu'une telle démarche, dans la profanation du baptistère de Reims, entraînerait pour votre personne et pour ceux qui exécuteraient vos ordres, fonctionnaires ou ministres chrétiens accompagnant en ce lieu le persécuteur des chrétiens, les censures que notre lettre rappelle. Si vous croyez pouvoir passer outre à cet avertissement, le successeur de Rémi n'aura plus qu'à pleurer, dans la solitude de sa cathédrale profanée, sur la triste destinée d'une nation jadis pieuse, aujourd'hui déchue, et à prier pour votre conversion. »

Puis le prélat fit fermer les lourdes portes, que les serruriers des Beaux-Arts vinrent rouvrir. La visite eut lieu. Le lendemain, Mgr Marmottin célébrait une cérémonie de réparation puis il s'éteignait, deux mois plus tard, ayant défendu jusqu'au bout ce qu'il avait à défendre.

L'année Khrouchtchev commençait mal, elle allait se terminer tragiquement pour lui. En octobre, il provoquait la surprise générale en allant à New York occuper personnellement aux Nations unies le siège de l'URSS. Pendant une quinzaine de jours, les journaux du monde entier eurent de la pâture, car K. était décidé à jouer un rôle de premier plan dans les débats. Un de ses discours-tempête fut motivé par le refus des délégués d'admettre la Chine populaire dans l'Organisation. Il intervint avec éclat sur les questions de désarmement et de décolonisation. Visiblement, son objet était de terroriser le monde libre pour faire prendre au sérieux sa menace, formulée en juin, d'envoyer des fusées sur les États-Unis si ceux-ci intervenaient à Cuba contre le régime de Fidel Castro. Et ces fusées, il allait le révéler peu après, seraient tirées des sous-marins atomiques dont disposait maintenant l'Union soviétique. Telle était la grande révélation de l'année.

Mais la sûreté de soi qu'il manifestait ne s'appuyait pas seulement sur les fusées sous-marines en cours de fabrication, ni sur les fusées intercontinentales dont la Russie possédait trente-cinq exemplaires. Elle se fondait aussi sur une « arme absolue » à propulsion atomique capable d'atteindre n'importe quel point du globe et dont les essais étaient alors menés dare-dare pour que l'annonce puisse en être faite à la prochaine fête nationale soviétique, le 7 novembre.

Le 12 octobre fut le théâtre d'un incident resté dans les annales. A propos de la liquidation du régime colonial, un délégué dénonça l'hégémonie de l'URSS sur les pays qu'elle avait annexés à son empire. Khrouchtchev entra alors dans une violente colère, réelle ou simulée, et, pour mieux impressionner son auditoire, il retira un de ses souliers dont il frappa son pupitre à coups répétés.

Or un autre événement se situe le même 12 octobre. Au Portugal, l'évêque de Fatima, Mgr Venancio, avait très mal ressenti le silence de Jean XXIII et le peu de cas qu'il faisait du message de la Vierge. Il prit sur lui d'envoyer une lettre à tous les évêques du monde pour leur « présenter une requête ». Une démarche de ce genre, faut-il le signaler, est rarissime dans l'Église.

« L'inquiétude du monde entier devant la fragilité de la paix, écrivait-il, et plus encore l'angoisse qui étreint les chrétiens clairvoyants devant la menace de l'expansion du communisme expliquent assez les nombreux appels qui me viennent de partout d'intensifier le mouvement de prière et de pénitence, né à la Cova da Iria, tout spécialement en vue de la conversion de la Russie et de la paix. »

Mgr Venancio se montrait conscient de l'insuffisance des consécrations déjà accomplies par le souverain pontife, puisqu'il estimait qu'une intensification des prières contribuerait « à lever les obstacles qui ont pu empêcher ces actes solennels d'obtenir leur pleine efficacité ». Il demandait donc aux évêques de proposer à leurs fidèles, les 12 et 13 octobre suivants, « des exercices de prière et de pénitence en union avec tous les pèlerins de Fatima ». Ils en feraient de cette manière « de véritables journées de prière et de pénitence, pour obtenir le triomphe de la cause de Dieu ». La nuit entière du 12 au 13 devait être consacrée à adorer le Saint-Sacrement.

Le Portugal répondit avec ferveur. A Fatima, par un temps épouvantable, 40 000 fidèles veillèrent toute la nuit sous la tempête et les averses, en compagnie du patriarche de Lisbonne et de nombreux évêques. Ils furent rejoints au matin, pour la messe, par une foule de pèlerins qu'on put évaluer à 300 000 ou 400 000 personnes, une grande quantité étant venus à pied. Le soleil apparut au moment même où l'on apportait la statue pour la placer près de l'autel dressé dehors, sur le narthex. Dans le monde, les consignes de Mgr Venancio furent plus ou moins suivies, « plutôt moins en France », observe Barthas, « mais cette nuit-là une grande partie de la chrétienté était en prière pour la conversion de la Russie et la paix du monde ».

Or le soir du 12, après ses gesticulations de moujik à la tribune de l'ONU, Khrouchtchev recevait un message et reprenait précipitamment l'avion pour l'URSS. On put lire dans *La Pravda*, trois ou quatre jours plus tard, qu'il était allé aux obsèques de l'amiral Nédeline. Prétexte dont la diplomatie occidentale voulut bien s'accommoder. L'amiral Nédeline était effectivement mort, mais pas d'un accident d'avion comme on le propagea. Le chanoine Barthas transcrivit à ce sujet en 1966 un passage d'un livre qui venait de paraître chez Tallandier sous le titre « Carnets secrets d'un espion » : « Lorsque le compte à rebours fut terminé, la fusée ne décolla pas de son aire de lancement. Après quinze ou vingt minutes d'attente, Nédeline sortit de l'abri, suivi de ses assistants. C'est alors que l'explosion se produisit, faisant plus de trois cents victimes. Les restes furent rapportés à Moscou, mais les urnes ne contenaient que de la boue. »

C'est à partir de 1960 que l'équilibre de la terreur se rétablit en faveur du monde libre.

Les prières demandées par Mgr Venancio avaient-elles obtenu du ciel la fin des rêves du docteur Folamour? On ne laisse pas, quoi qu'il en soit, d'être frappé des extraordinaires concordances de dates qui marquent une fois de plus l'histoire de Fatima.

XVI

Un secret redoutable
Castel Gandolfo au mois d'août
Un pape optimiste – Frisson d'apocalypse

Le 8 décembre 1941, Lucie envoie à son évêque les dernières pages de son quatrième Mémoire, écrit sur un cahier d'écolier de sa belle écriture, régulière et d'une élégante sobriété, qui se lit si aisément. Sous la pression du chanoine Galamba, qui préparait la troisième édition de son livre « Jacinta », Mgr da Silva lui a enjoint de tout écrire. Elle s'y emploie, à une réserve près :

« J'accomplirai les ordres de Votre Excellence et les désirs du Rév. P. Galamba. Excepté la partie du secret qu'il ne m'est pas permis pour l'instant de révéler, je dirai tout. »

Cette partie, c'est la troisième. La carmélite reprend les paroles de la Vierge déjà consignées, quelques mois plus tôt, dans son Mémoire précédent, en particulier la prophétie relative à la nuit illuminée par une lumière inconnue et aux erreurs de la Russie. Mais à la fin du paragraphe, elle ajoute la fameuse phrase tronquée qui n'apparaissait pas jusqu'alors : « Au Portugal se conservera toujours le dogme de la foi, etc. »

Deux ans après, Lucie souffre d'une maladie infectieuse faisant craindre pour sa vie. Mgr da Silva lui rend visite à l'infirmerie du carmel de Tuy. Il ne lui donne pas positivement l'ordre de mettre par écrit le troisième secret, comme l'avait suggéré le chanoine Galamba, mais le lui conseille. Si Lucie meurt, le message de la Vierge disparaîtra à tout jamais. Sœur Lucie aurait préféré un ordre formel car la décision, laissée à son libre arbitre, lui cause des crises de conscience. Mais quand l'évêque lui adresse une lettre impérative, elle met plus de deux mois à s'exécuter et ne le fait que le 9 janvier 1944. Elle a pris la plume plusieurs fois sans arriver à se décider. Il semble qu'une apparition de Notre-Seigneur ait levé tous ses scrupules.

Les tribulations de l'enveloppe commencent. Lucie attend jusqu'en juin pour la faire parvenir à l'évêque, ne voulant la confier qu'à des mains sûres, qui seront celles d'un supérieur de congrégation missionnaire en visite. Celui-ci la remet à Mgr da Silva, qui la gardera dans son palais épiscopal.

Une remarque du Père Alonso, le plus grand spécialiste de Fatima, tente d'expliquer ce luxe de précautions : « Comment comprendre les grandes difficultés de Lucie pour écrire ce secret, alors qu'elle avait écrit d'autres choses déjà très difficiles ? S'il s'était agi simplement d'annoncer prophétiquement de nouveaux et grands cataclysmes, nous sommes certains que Sœur Lucie n'aurait pas éprouvé de telles difficultés dont la victoire exigea une spéciale intervention du Ciel. »

Il faut en déduire qu'il s'agit d'un secret redoutable. Mgr da Silva en est bien conscient, puisqu'il essaie de s'en défaire entre les mains du patriarche de Lisbonne, qui refuse. Imaginons ce brave évêque, homme pieux et droit, courageux aussi, puisqu'il a supporté vaillamment pendant la révolution de 1910 la paille humide des cachots et de multiples arrestations, mais très intimidé par ces implications surnaturelles qui viennent compliquer sa tâche de pasteur.

Ses épreuves ont commencé à sa nomination, elles dureront au total trente-sept ans et, pour qui n'a pas vocation humaine à des situations d'exception, elles sont certainement très lourdes. Le primat du Portugal se dérobant, il a l'idée de transmettre au Saint-Office le pli qui lui brûle les doigts, mais le Saint-Office juge qu'il est très bien là où il est. Lucie, consultée, lui a conseillé de le garder tant qu'il vivrait, en prenant des dispositions pour qu'il soit remis après sa mort au patriarche. Un jour, il le place dans une enveloppe plus grande, qu'il cachette elle aussi, et sur laquelle il écrit :

« Este enveloppe com o seu conteudo, sera entregue a Sua Eminencia O Sr Cardeal D. Manuel, Patriarca de Lisboa, depois da minha morte.

« Leiria, 8 de Dezembro de 1945.

« José, Bispo de Leiria. »

(« Cette enveloppe avec son contenu sera remise à Son Éminence le cardinal don Manuel, patriarche de Lisbonne, après ma mort. Leiria, 8 décembre 1945. José, évêque de Leiria. »)

Frère Michel de la Sainte-Trinité reproduit dans son ouvrage la photo prise par un reporter de *Life* en 1948. On y voit l'évêque, paré de tous ses insignes, assis devant l'enveloppe qu'il a posée sur un coussin et portant sur le visage une expression résignée.

Il devra porter sa croix jusqu'à la fin de sa vie, treize ans plus tard. Il était devenu impotent lorsqu'en 1957 Rome s'avisa soudain de l'existence du secret de Fatima et demanda qu'il lui fût envoyé, ainsi que des photocopies de tous les écrits de Lucie. L'évêque auxiliaire, Mgr Venancio, proposa alors à Don José de lire le troisième secret avant de s'en dessaisir. « Non, répondit-il, cela ne m'intéresse pas. C'est un secret, je ne veux pas le lire. » Venancio, frustré, essaya quand même, une fois seul, de voir quelque chose par transparence. A travers la double enveloppe, il put juste constater, sans arriver à lire, que le texte tenait sur une simple feuille de papier dont les marges étaient « de trois quarts de centimètre ». Cette précision a plus d'importance qu'il n'y paraît : elle permet de réputer apocryphe le texte qui circulera, comme nous allons le voir, à partir de 1975.

La question pour laquelle le Vatican réclama, toutes affaires cessantes, l'enveloppe en 1957, alors qu'il n'avait pas voulu en entendre parler treize ans plus tôt, est controversée. On peut retenir cependant plusieurs indices : Sœur Lucie avait fait promettre à Mgr da Silva qu'elle serait ouverte définitivement et le secret lu au monde à sa mort (la mort de Lucie) ou en 1960, « selon ce qui se produirait d'abord », et elle en donna la raison au chanoine Barthas : « Parce que la Sainte Vierge le veut ainsi ». 1960 approchait et l'évêque de Leiria avait de toute évidence un pied dans la tombe (il mourra d'ailleurs en cette même année 1957); son refus d'ouvrir le pli avait provisoirement réglé la question, mais après lui, celui-ci devait être remis au patriarche qui n'aurait pas forcément la même attitude. Le cardinal Cerejeira avait d'ailleurs annoncé publiquement, à l'occasion d'un congrès marial au Brésil : « Par les deux parties déjà révélées du secret – la troisième n'a pas encore été communiquée, mais elle est rédigée dans une lettre cachetée à la cire et elle sera ouverte en 1960 –, on en sait assez pour conclure... »

Or dans l'esprit de Lucie, l'enveloppe n'était pas réservée au pape, mais destinée à son évêque et au patriarche. Il n'y avait aucune raison pour que ce dernier ne l'ouvrît pas à la date fixée. Quelqu'un à Rome avait alors pressenti l'importance du secret et l'intérêt qu'il y avait à en contrôler la diffusion, donc à s'en emparer alors qu'il était encore temps. Le cardinal Ottaviani vendra la mèche plus tard en disant que ce fut « pour éviter qu'une chose aussi délicate, destinée à ne pas être donnée en pâture au public, vienne, pour une raison quelconque, même fortuite, à tomber entre des mains étrangères. »

Le nonce apostolique, Mgr Cento, fait donc parvenir l'enveloppe à Rome, où elle est remise à Pie XII qui la place dans le petit coffre que nous avons dit. Selon toute vraisemblance, il ne l'a pas ouverte. Mgr Ottaviani dira que par la suite elle fut transmise « toujours fermée » à Jean XXIII et Lucie confiera en fin 1957 que la Sainte Vierge se plaint de ce que l'on n'en fait pas cas : « Seuls le Saint-Père et Mgr l'évêque de Fatima pourraient le savoir (le secret), de par la volonté de la Très Sainte Vierge, mais ils ne l'ont pas voulu pour ne pas être influencés. »

Et Pie XII mourut avant 1960.

Le 28 octobre 1958, le cardinal Roncalli devenait pape sous le nom de Jean XXIII. Il connaissait Fatima, il y avait même présidé un pèlerinage national portugais, mais le souffle qu'il entendait donner à l'Église s'accordait mal avec le message de la Vierge. Qu'il suffise de citer ce passage de son discours d'ouverture du concile Vatican II :

« Il arrive souvent que dans l'exercice quotidien de Notre ministère apostolique, Nos oreilles soient offensées en apprenant ce que disent certains qui, bien qu'enflammés de zèle religieux, manquent de justesse de jugement et de pondération dans leur façon de voir les choses. Dans la situation actuelle de la société, ils ne voient que ruines et calamités ; ils ont coutume de dire que notre époque a profondément empiré par rapport aux siècles passés... Il Nous semble nécessaire de dire Notre complet désaccord avec ces prophètes de malheur, qui annoncent toujours des catastrophes, comme si le monde était près de sa fin. »

Le « bon pape Jean » péchait-il par optimisme ? Comment ne pas le penser, à trente ans de distance, en relisant un autre passage tiré cette fois de sa Constitution apostolique *Humanae Salutis* :

« Nous savons que la vue de ces maux plonge certains dans un tel découragement qu'ils ne voient que ténèbres enveloppant complètement notre monde... Pour Nous, Nous distinguons au milieu de ces ténèbres épaisses de nouveaux indices qui Nous semblent annoncer des temps meilleurs pour l'Église et le genre humain. Certes, les guerres meurtrières qui aujourd'hui se succèdent sans interruption, les déplorables maux spirituels causés çà et là par de nombreuses idéologies, les amères expériences faites par les hommes depuis trop longtemps, tout cela a valeur d'avertissement... mais cela pousse les hommes à s'interroger, à reconnaître plus facilement leurs propres limites, à aspirer à la paix, à apprécier la valeur des biens spirituels ; et cela accélère le processus... qui conduit de plus en plus tous les individus, les classes sociales et les nations elles-mêmes à s'unir amicalement, à s'aider, à se compléter et à se perfectionner mutuellement... »

Les prophéties de Fatima que l'on connaissait jusqu'alors n'allaient pas précisément dans ce sens. Qu'en était-il de la dernière partie du secret ? En août 1959, Jean XXIII, qui se trouvait dans la résidence papale de Castel Gandolfo, songea que le calme de l'été se prêtait à la lecture du document auquel tout le monde pensait. Le futur cardinal Philippe fut chargé de le lui apporter du Vatican. Ce qui suit est assez confus, comme il en va pour toutes les scènes de la vie privée du pape attestées par peu de témoins. Selon le secrétaire particulier du Saint-Père, Mgr Capovilla, il ne le lut pas tout de suite, désirant y procéder en compagnie de son confesseur, et, l'ayant fait quelques jours plus tard, il ne formula pas de commentaires sur l'instant, disant qu'il préférait remettre à d'autres (à son successeur ? se demanda Capovilla) l'appréciation du texte; il aurait ensuite dicté au prélat une note qui prit place dans l'enveloppe avant que celle-ci ne soit refermée. Selon le cardinal Ottaviani, il en prit connaissance immédiatement sans avoir besoin d'interprète. Selon l'abbé Laurentin, il l'aurait lu en la seule présence d'Ottaviani. Ce dernier dit l'avoir lu lui aussi, sans préciser si ce fut au cours de la même séance. Mgr Capovilla raconte encore que le pape en parla à plusieurs cardinaux et évêques. D'une façon ou de l'autre, on en arrive au « puits profond, noir, noir » du préfet du Saint-Office, un trou noir qui peut fort bien avoir été, selon Capovilla, un tiroir de sa table de travail où l'enveloppe restera jusqu'à sa mort.

1960 enfin arrive; dans tout le monde catholique on sait que le secret n'en sera bientôt plus un. Les spécialistes de Fatima l'annoncent, les journaux en entretiennent leurs lecteurs. Certains pensent que ce sera pour le 13 mai, mais il y a, il est vrai, six dates possibles. Les plus patients se contenteraient du 13 octobre. Or il ne fallut même pas attendre jusqu'en mai. Le 8 février, l'Agence portugaise d'information laissait tomber cette dépêche :

« Cité du Vatican.

« Il est probable que le « secret de Fatima » ne sera jamais rendu public.

« Dans les cercles du Vatican hautement dignes de foi, on vient de déclarer au représentant de United Press International qu'il est fort probable que la lettre dans laquelle Sœur Lucie écrivit les paroles que la Vierge Marie adressa aux trois pastoureaux à la Cova da Iria ne soit jamais ouverte.

« Sur indication de Sœur Lucie, la lettre ne pourrait être ouverte que durant l'année 1960.

« Devant les pressions exercées sur le Vatican, affirme-t-on dans les mêmes cercles, – les unes pour que la lettre soit ouverte et son contenu révélé au monde entier, d'autres partant de la supposition que la lettre devait contenir des vaticinations alarmantes, pour qu'elle ne soit pas publiée – le Vatican a décidé que le texte de la lettre de Sœur Lucie ne serait pas révélé, continuant à être maintenu sous le secret le plus rigoureux.

« La décision des autorités vaticanes se fonde sur les raisons suivantes : 1. La sœur Lucie est encore vivante. 2. Le Vatican connaît déjà le contenu de la lettre. 3. Bien que l'Église reconnaisse les apparitions de Fatima, elle ne désire pas prendre la responsabilité de garantir la véracité des paroles que les trois pastoureaux dirent que la Vierge leur avait adressées.

« Dans ces circonstances, il est très probable que le " secret de Fatima " sera maintenu, pour toujours, sous le plus absolu secret. »

La nouvelle causa une désagréable sensation. Mais il ne s'agissait que d'une dépêche d'agence. Un communiqué quelconque allait peut-être l'atténuer, voire la démentir. Il n'y eut aucun communiqué, aucune allusion du pape. Jean XXIII s'était servi des agences de presse pour faire connaître sa décision au peuple chrétien. La façon désinvolte dont le texte était rédigé faisait peu de cas du « peuple de Dieu », que le concile allait déclarer adulte peu d'années après. La première raison donnée évoque le régent de collège arbitrant une dispute entre ses élèves : puisque vous n'arrivez pas à vous mettre d'accord, personne n'en aura.

Les autres raisons sont peu convaincantes. Que Sœur Lucie fût encore vivante ne changeait rien à l'affaire, d'autant plus que la divulgation du secret n'était pas liée à la disparition de la voyante mais ajournée *in aeternum*. Que le Vatican connût le contenu de la lettre n'expliquait pas pourquoi on devait le laisser ignorer au reste de la chrétienté. La crédibilité des pastoureaux, enfin, était mise en cause sur ce troisième point alors qu'on avait ajouté foi à leurs dires sur les deux autres.

La dépêche invoquait la décision du « Vatican » et des « autorités vaticanes »; elle se retranchait derrière les confidences de « cercles du Vatican hautement dignes de foi », termes conventionnels employés par les agences lorsqu'elles livrent une information encore imprécise, mais très insuffisants dès qu'il s'agit d'une décision définitive et irrévocable du pape lui-même sur un sujet de cette importance.

Le procédé se révélait pour le moins désinvolte à l'égard de la Vierge Marie, que l'on interdisait de parole pour des raisons inconsistantes. Toute une littérature suivit, dans les journaux les plus autorisés, soit pour déplorer le silence du pape, soit pour apaiser les remous qu'il provoquait. Dans ce deuxième ordre d'idées, on conseillait aux fidèles de s'en tenir aux deux maîtres-mots du message de Fatima : Prière et Sacrifice, et de faire taire leur sentiment de curiosité. On leur reprochait de rechercher le frisson lié aux prophéties apocalyptiques, ce qui revenait à suggérer que le secret en contînt alors que personne n'en pouvait rien savoir. Ou bien on leur disait : circulez, il n'y a rien à voir, le troisième secret ne fait très probablement que répéter le premier : Prière et Sacrifice. Mais s'il en était ainsi, pourquoi le tenait-on caché?

XVII

Le carabinier de l'Église – Génocide au Cambodge L'entretien de Fulda – L'explication se rapproche

Puis vient Paul VI, et le scénario se répète : il se fait présenter le secret, le lit et le range. Ce fut, dit Mgr Capovilla, soit le mois qui suivit son élection (juillet 1963), soit quelques mois plus tard. Les années passent ; le concile, jusqu'en 1965, distrait l'attention publique vers d'autres sujets ; en 1967, le bruit court que le pape prendra prétexte du 50e anniversaire des apparitions pour révéler le secret sans avoir l'air de désavouer son prédécesseur. Espoir vite déçu : sans attendre le 13 mai ou le 13 octobre, il charge, en février, le cardinal Ottaviani de détromper le « peuple de Dieu ».

On ne saurait mieux choisir pour inspirer confiance. Ottaviani est tout l'opposé d'un moderniste. Surnommé « le carabinier de l'Église », il veille fidèlement et même parfois farouchement, depuis qu'il est à la tête du Saint-Office transformé après Vatican II en Congrégation pour la doctrine de la foi, sur le dépôt sacré de l'Église. Au concile même, il a fait front contre les novateurs, en particulier à propos de la réforme liturgique. Il signera en 1969 avec le cardinal Bacci un « Bref examen critique » démontrant que la nouvelle messe « s'éloigne de façon impressionnante, dans l'ensemble comme dans le détail, de la théologie catholique de la Sainte Messe. » L'année qui précède son intervention sur Fatima, il a envoyé ès qualité aux conférences épiscopales du monde entier une liste de dix « opinions singulières et dangereuses » parmi lesquelles : la tendance à délaisser la Tradition au profit des Saintes Écritures, tout en réduisant le caractère inspiré et sûr de celles-ci ; le relativisme selon lequel la vérité changerait en fonction des périodes historiques ; la tendance à ne faire du Christ qu'un homme en oubliant qu'il est aussi Dieu ; l'abandon de la doctrine du péché originel ; les excès de l'œcuménisme mettant en danger « l'unité de la foi et de l'Église »... Bref, toutes opinions s'éloignant elles aussi d'une façon impressionnante de la doctrine millénaire de l'Église.

Le cardinal, agissant sur ordre, va beaucoup décevoir lorsqu'il prend la parole à Rome le 11 février. La critique interne du texte de sa conférence révèle plusieurs incohérences et plusieurs erreurs plus ou moins graves. Se révélant peu au courant des faits, il prend François et Jacinthe pour le frère et la sœur de Lucie, il dit et répète que Lucie a écrit le troisième secret à l'intention du Saint-Père (« C'est lui qui était le destinataire du Secret »), ce qui n'est pas conforme à la réalité ; il affirme qu'au moment où il parle, « il est difficile de dire où se trouve le Secret de Fatima » car on ignore ce qu'en a fait Jean XXIII après l'avoir lu : nouvelle contre-vérité puisque Paul VI l'a lu à son tour.

Mais surtout, le cardinal défigure le message de Fatima en affirmant qu' « il se résume en ces deux mots : " Prière et Pénitence " », subordonnant à cette double demande la paix du monde. Il escamote la conversion de la Russie, n'en citant même pas le nom, la consécration demandée par la Vierge, la communion réparatrice des premiers samedis du mois, la vision de l'enfer ; il célèbre l'œcuménisme, dont la Vierge n'a pas soufflé mot et contre les abus duquel il mettait lui-même en garde l'année précédente dans ses « Dix opinions dangereuses ». Son propos semble être d'effacer tout catastrophisme pour démontrer que le troisième secret – qu'il déclare avoir lu – n'en porte pas trace, et il lance un appel à l'optimisme qui rappelle de très près le discours d'ouverture de Jean XXIII : « La confiance dont est inspiré le message de Fatima, également dans la partie publique, nous fait scruter, en cette deuxième partie des années 1960... les premiers indices – bien qu'encore nébuleux – d'une future instauration des choses du monde dans la paix et le royaume du Christ. Déjà certains signes, l'aube de situations nouvelles, pourrait-on dire, commencent à se dessiner... Il y a déjà dans certains pays des signes révélateurs qui sont comme des indices d'évolution, comme des indices de succès de cet œcuménisme qui toujours davantage rapproche fraternellement les peuples... Parmi ces signes, il y a la façon dont est accueilli tout ce que le pape fait pour la paix. Je garderai naturellement la réserve qui s'impose, mais hier précisément, on me parlait de nouvelles démarches qui ont été faites ces jours derniers pour faciliter la solution du conflit vietnamien... »

« Peut-être suis-je optimiste », fait-il observer, et certes, on ne peut lui accorder le don de prophétie en ce qui concerne la guerre du Vietnam, qui va durer encore cinq ans, et toutes ses prolongations jusqu'à nos jours, l'instauration d'un régime communiste dur, le génocide du Cambodge, les persécutions religieuses, etc. Le rapprochement fraternel des peuples ne constitue pas un trait dominant des vingt-cinq ans qui ont suivi, l'œcuménisme n'est pas parvenu à endiguer les oppositions entre les orthodoxes russes et l'Église romaine, il n'a pas détourné de nouvelles nations d'adopter la Charia ni engagé des pays comme l'Arabie Saoudite à pratiquer la réciprocité en matière de tolérance religieuse.

Quant au secret, le cardinal ne peut pas le révéler puisque c'est un secret. Le vrai secret, dit-il, c'est Prière et Pénitence. Tout ce qui peut circuler au sujet du troisième secret est apocryphe.

Une telle défaite ne ressemblait pas au cardinal Ottaviani. Faut-il penser que le vieux « carabinier » qui, après sa mise à la retraite l'année suivante, continuera de parler haut et fort à contre-courant des idées en vogue, a simplement sacrifié au devoir d'obéissance ? Cette conférence, qu'on aurait pu lui épargner, n'apportait rien et ne faisait qu'éveiller les soupçons. Une conclusion s'imposait une fois de plus : si la Vierge s'était contentée de répéter qu'il fallait prier et faire pénitence, pourquoi ne pas publier cette partie du message ? Il contenait donc une révélation véritable et cette révélation était telle qu'elle avait mis deux papes dans l'embarras. Il allait en être de même d'un troisième.

Car Jean-Paul II, pas plus que ses devanciers, n'a dévoilé le mystère de la fameuse enveloppe. On a beaucoup parlé d'un entretien qu'il aurait eu avec de jeunes Allemands à Fulda et qui a été rapporté de la manière suivante par un journal allemand, *Stimme des Glaubens* :

« " Vu la gravité du contenu, pour ne pas encourager la puissance mondiale du communisme à accomplir certains coups, mes prédécesseurs en la Chaire de saint Pierre ont diplomatiquement préféré surseoir à la publication. D'autre part, il peut être suffisant à tous les chrétiens de savoir ceci : s'il y a un message où il est dit que les océans inonderont des parties entières du monde, que, de moment en moment, des millions d'hommes périront, ce n'est vraiment plus le cas de désirer tellement la publication de ce message secret. Beaucoup veulent seulement savoir par curiosité et goût du sensationnel, mais ils oublient que savoir implique pour eux une responsabilité. Il est périlleux de vouloir apaiser sa curiosité si l'on est convaincu qu'il n'y a rien à faire contre le malheur annoncé. ”

« Puis Jean-Paul II a sorti son chapelet et a dit : “ Voilà le remède contre le mal! Priez, priez et ne demandez rien d'autre. Confiez tout à la Mère de Dieu. Nous devons nous préparer à subir, dans un temps non éloigné, de grandes épreuves, qui exigeront de nous la disposition à perdre même la vie, et une remise totale de soi au Christ et pour le Christ. Par votre prière et la mienne, il est possible d'adoucir cette tribulation, mais il n'est plus possible de la détourner, parce que de cette façon seulement l'Église peut être rénovée. ”

« Et encore : “ Combien de fois la rénovation de l'Église s'est effectuée dans le sang! Cette fois encore, il n'en sera pas autrement. Nous devons être forts. Nous devons nous préparer, nous confier au Christ et à sa Très Sainte Mère, et être assidus à la prière et au rosaire. ” »

Ce texte ne peut être garanti, mais il recoupe une déclaration faite par Jean-Paul II à Fatima le 13 mai 1982 et que même *La Croix* a rapportée : « Voulez-vous que je vous enseigne un secret? C'est simple et ce n'est plus un secret : priez, priez beaucoup, en disant le chapelet tous les jours. » A cette même occasion, J.-C. Darrigaud interviewait sur Antenne 2 l'évêque auxiliaire de Coïmbre et lui demandait ce qu'il pensait du secret de Fatima. Le prélat répondit en riant : « Cela n'a aucune importance. Il intéresse surtout les journalistes. »

L'un de ceux-ci, Vittorio Messori, procédant à une longue interview du cardinal Ratzinger à l'été 1984, ne manqua pas de lui poser la question de confiance. Nous en extrayons le passage suivant dans le livre qu'en ont fait les Éditions Paoline, traduit en français sous le titre « Entretien sur la foi » (Fayard) :

« Éminence, avez-vous lu ce qu'on appelle le " troisième secret de Fatima "?... La réponse est immédiate et sèche : « Oui, je l'ai lu. » Il circule de par le monde, dis-je, des versions jamais démenties qui évoquent le contenu de ce " secret " comme inquiétant, apocalyptique, annonciateur de terribles souffrances. Jean-Paul II lui-même, dans sa visite pastorale en Allemagne, a paru confirmer (quoique par de prudentes périphrases, en privé et à un groupe d'invités choisis) le contenu à l'évidence peu rassurant de ce texte. Avant lui, Paul VI, lors de son pèlerinage à Fatima, semble avoir fait lui aussi allusion aux thèmes " apocalyptiques " du " secret ". Pourquoi ne s'est-il jamais décidé à le rendre public, ne serait-ce que pour éviter des supputations hasardeuses?

« " Si l'on n'a pas pris à ce jour cette décision, répond-il, ce n'est pas parce que les papes veulent dissimuler quelque chose de terrible. "

« J'insiste : il y a donc " quelque chose de terrible " dans ce manuscrit de Sœur Lucie?

« " Même si cela était – réplique-t-il en évitant de trop s'avancer – eh bien, cela ne ferait que confirmer la partie déjà connue du message de Fatima. De ce lieu fut lancé un avertissement sévère, qui va à l'encontre de la superficialité dominante, un rappel au sérieux de la vie, de l'histoire, aux dangers qui menacent l'humanité... La conversion – Fatima le rappelle pleinement – est une exigence perpétuelle de la vie chrétienne. Nous devrions déjà le savoir par tout ce qu'en dit l'Écriture. "

« Donc, pas de publication, du moins pour l'instant?

« " Le Saint-Père juge que cela n'ajouterait rien à ce qu'un chrétien doit savoir par la Révélation... Publier le troisième secret reviendrait aussi à s'exposer au danger d'une utilisation sensationnelle du contenu... " »

Cet échange rapide de propos avec un cardinal qui est le deuxième successeur d'Ottaviani donne trois indications : 1. Le contenu du secret se prête à une utilisation sensationnelle. 2. Il y a très probablement quelque chose de terrible, d'apocalyptique dans le troisième secret. 3. Mais ce n'est pas pour cela que les papes ne veulent pas le diffuser.

La conclusion est facile à tirer : le secret, en dehors de « l'annonce possible de terribles souffrances », contient quelque chose d'autre, quelque chose de « sensationnel » dont les journalistes et l'opinion publique en général ne manqueraient pas de tirer parti.

De quoi peut-il donc s'agir?

XVIII

Mais que s'est-il passé dans l'Église?
« Aussi subitement qu'une feuille tombe de l'arbre »
Le coup de Trafalgar – Le Diable, cet être mystérieux, l'ennemi de tous les hommes

Si le cardinal Ottaviani, au cours de sa conférence à l'Antonianum, a tant insisté – et cela contre toute évidence – sur le fait que le message transmis par Lucie était destiné au pape, ne serait-ce pas parce que le secret concerne le pape lui-même ? Posons la question de la façon suivante : le secret ne lui était pas destiné en particulier, mais c'est de lui que la Vierge y parlait !

En d'autres termes, il se rapporterait non aux événements du monde – ou du moins il ne s'y rapporterait pas uniquement – mais à quelque chose qui se serait passé dans l'Église et sur quoi la petite feuille de papier d'écolier dormant dans un coffre du Saint-Office projetterait un éclairage gênant.

Mais que s'est-il passé dans l'Église et quand?

Si nous reprenons les faits qui précèdent, le premier à avoir lu le secret est Jean XXIII ; les paroles sibyllines rapportées par son secrétaire semblent indiquer que, selon lui, il ne se référait pas à son pontificat et que cela regardait probablement son successeur.

Quel est l'événement qui s'est produit en ces temps-là ? Ne s'agirait-il pas du concile ? Le cardinal Oddi, répondant en 1990 à des questions du mensuel italien *Trenta Giorni*, dira : « A mon avis, les prophéties de Fatima (le cardinal veut visiblement parler du troisième secret) ne parlent pas de la conversion de la Russie, car si elles en avaient parlé, Jean XXIII l'aurait annoncé aux quatre vents. A mon sens, le secret de Fatima cache une prophétie triste pour l'Église. Pour cette raison, Jean XXIII ne l'a pas divulgué. Paul VI et Jean-Paul II ont suivi cette même voie. Selon moi, les prophéties indiquaient plus ou moins qu'en 1960 le pape aurait convoqué un concile et que, contre toutes attentes, ce concile aurait indirectement créé beaucoup de difficultés à l'Église. »

Oddi, ancien préfet de la Congrégation pour le clergé, ne dit pas avoir lu le secret. On a vu que les personnes censées l'avoir lu se révèlent très décevantes quand on leur demande d'en parler. Oddi, n'étant pas soumis au devoir de réserve, peut faire ses déductions librement à la lumière de ce qu'il a observé du poste élevé où il était placé. Et les dates correspondent :

– Le 28 octobre 1958, élection de Jean XXIII au trône pontifical.

– Le 25 janvier 1959, il lance l'idée d'un concile qui lui est venue, dit-il, « aussi subitement qu'une feuille tombe d'un arbre ».

– En août 1959, il fait sauter les cachets de l'enveloppe mais ne peut pas croire que la prophétie mette en cause le principe même de son concile. S'il y est question de suites désastreuses, il pense que ce n'est pas son problème et renvoie à son successeur. Il a 78 ans. Quant au concile tel qu'il le conçoit, comment pourrait-il imaginer que ce ne soit une chose bonne et utile ? Les commissions préparatoires qu'il s'apprête à nommer élaboreront des schémas tout à fait conformes à la tradition de l'Église. Il ne saurait prévoir le coup de Trafalgar qui éclatera à la première séance, le 13 octobre 1962, sous les coups conjugués de quatre cardinaux, brouillant les cartes, frappant de sidération les évêques assemblés et déclenchant ce que le père Congar appellera « une révolution d'Octobre dans l'Église ».

Jean XXIII est, en ce qui concerne sa propre personne, excellent devin : il mourra le 3 juin 1963, après la première session d'un concile qui en comprendra quatre, et la « prophétie triste » retombera sur les épaules de son successeur. Il est curieux de constater que Pie XII avait pu faire le même calcul. Sachant, à l'arrivée de l'enveloppe, que Lucie avait dit : « En 1960, ce sera plus clair », il remit à plus tard de la décacheter, puisqu'il avait encore trois ans devant lui. N'a-t-il pas également songé lui aussi à sa fin probable, qui eut lieu effectivement un an plus tard, en 1958 ? Ainsi tout se passe comme si les papes renvoyaient l'un après l'autre à leur successeur le soin de se charger de cet encombrant dossier.

Sommes-nous dans la bonne voie en interprétant ainsi les non-dits de ceux qui ont séquestré le message de la Vierge ? Nous allons en donner les raisons et les indices, mais mentionnons tout de suite que l'idée en est venue à bien des gens de bon sens. Ainsi l'évêque actuel de Fatima, Mgr do Amaral, se fondant sur une étude sérieuse qu'il avait menée, disait en 1984 :

« Le secret de Fatima ne parle ni de bombes atomiques, ni de têtes nucléaires ni de missiles Pershing ou SS-20. Son contenu ne concerne que notre foi. Identifier le secret avec des annonces catastrophiques ou avec un holocauste nucléaire, c'est déformer le sens du message. La perte de la foi d'un continent est pire que l'anéantissement d'une nation ; et il est vrai que la foi diminue continuellement en Europe. »

Lorsque l'on mentionne que les apparitions de 1917 ont été reconnues par l'Église, on fait référence à l'enquête canonique et à la proclamation solennelle en 1930 par l'évêque du lieu, Mgr da Silva. Si un de ses successeurs indique le sens que doit avoir le troisième secret, n'est-ce pas encore l'Église qui parle? Mgr do Amaral n'exprime pas son jugement sous forme d'hypothèse, il l'énonce sur un ton affirmatif.

Le Père Alonso, que nous avons déjà cité, est certainement un des meilleurs connaisseurs du sujet. Nommé expert officiel de Fatima en 1966, il s'y est consacré jusqu'à sa mort, le 12 décembre 1981. Le résultat de ses travaux forme une ample étude critique de quatorze volumes qu'il n'a pas eu l'autorisation de publier de son vivant et dont le premier tome vient seulement de paraître; nous possédons en revanche de lui de nombreux articles dans les revues spécialisées, des brochures et des livres. Frère Michel de la Sainte-Trinité cite de lui cet extrait de son dernier article « rédigé quelques semaines avant sa mort » :

« Une révélation intempestive du texte n'aurait fait qu'exaspérer davantage les deux tendances qui continuent de déchirer l'Église : un traditionalisme qui se serait cru assisté par les prophéties de Fatima, et un progressisme qui aurait hurlé contre ces apparitions qui, d'une manière si scandaleuse, auraient semblé venir freiner la marche en avant de l'Église conciliaire... Le pape Paul VI jugea opportun et prudent de retarder la révélation du texte à des temps meilleurs. Le pape Jean XXIII déclara que le texte ne se référait pas à son pontificat... Et les papes suivants n'ont pas considéré que le moment était venu de soulever le voile du mystère, dans des circonstances où l'Église n'a pas encore surmonté l'impact effrayant des vingt années de post-concile, durant lesquelles la crise de la foi s'est installée à tous les niveaux. »

Pour le Père Alonso aussi, le contenu du secret ne fait pas de doute. Sa réflexion fait comprendre trois choses : 1. Il y est bien question du concile Vatican II. 2. Il annonce que ce concile aura un « impact effrayant » sur les vingt années qui suivront (le P. Alonso ne peut parler que de celles-là au moment où il écrit). 3. Le résultat du concile est une « crise de la foi ».

Tout s'éclaire dès lors : la « mise à l'index » du secret, les fausses raisons, les attitudes embarrassées, la prestation extravagante du cardinal Ottaviani, la consigne invariable : priez et taisez-vous, les péripéties romanesques de l'enveloppe cachetée, la démarche du Saint-Office pour s'en emparer. En quelques lignes, Alonso a mis au net l'enjeu : il ne fait mystère pour personne que le concile est contesté au sein de l'Église. Il ne l'est pas seulement par ce que l'auteur appelle « un traditionalisme », c'est-à-dire cette frange déterminée de catholiques qui le combattent et se réclament pour la plupart de Mgr Lefebvre. Ses « fruits amers » sont reconnus depuis longtemps par de nombreuses personnalités ecclésiastiques qui ne se réclament pas du mouvement traditionaliste.

Quelques jugements, déjà en 1980 : Mgr da Silva, alors archevêque de Braga (c'est un homonyme de l'ancien évêque de Fatima), disait : « Depuis dix ans, on fait des expériences dans l'Église, et ces expériences ont fait fiasco. L'Église doit revenir aux temps d'avant le concile : Vatican II a semé le vent et a récolté la tempête. » Le cardinal Ratzinger, encore archevêque de Munich, observait de son côté : « Personne ne peut nier que les dix dernières années ont été préjudiciables à l'Église catholique. Au lieu du renouveau annoncé, elles nous ont apporté un processus de décadence qui, commencé en grande partie sous le signe du concile, n'a rien fait d'autre que de discréditer le concile lui-même. Nous pouvons donc affirmer qu'il n'y aura pas de renouveau dans l'Église tant que l'on n'aura pas changé de route et abandonné les voies d'erreur empruntées après le concile. »

Mais Paul VI n'avait-il pas porté lui-même un jugement semblable en 1972 quand il s'écriait au cours d'une messe pontificale à Saint-Pierre : « Nous croyions que le lendemain du concile serait une journée de soleil pour l'histoire de l'Église, mais nous avons trouvé de nouvelles tempêtes. Nous cherchons à creuser de nouveaux abîmes au lieu de les combler. Que s'est-il passé ? Nous vous confions notre pensée : il s'est agi d'une puissance adverse, le Diable, cet être mystérieux, l'ennemi de tous les hommes, ce quelque chose de surnaturel, venu gâter et dessécher les fruits du concile œcuménique. »

De nombreuses voix, parmi les laïcs, se sont élevées pour dénoncer cette situation, depuis Julien Green, se demandant s'il avait bien fait de se convertir au catholicisme, jusqu'à tel médecin africain expliquant sur France-Inter en juillet 1983 : « Le concile a désorganisé la vie religieuse, anéanti l'esprit missionnaire, désemparé les catholiques par ses innovations, jeté partout le trouble. »

La position constante des papes et des ecclésiastiques qui ont déploré ces conséquences a cependant toujours consisté à incriminer non le concile lui-même, mais la mauvaise façon dont il a été interprété. Ratzinger, au cours de l'interview accordée à Vittorio Messori dont nous avons parlé, s'exprime fermement dans ce sens : « Les résultats qui ont suivi le concile semblent cruellement opposés à l'attente de tous, à commencer par celle du pape Jean XXIII, puis de Paul VI. Les chrétiens sont de nouveau une minorité, plus qu'ils ne l'ont jamais été depuis la fin de l'Antiquité... (Mais) dans ses expressions officielles, dans ses documents authentiques, Vatican II ne peut être considéré comme responsable de cette évolution qui – au contraire – contredit radicalement aussi bien la lettre que l'esprit des pères conciliaires... Je suis convaincu que les dégâts que nous avons subis en ces vingt années ne sont pas dus au " vrai " concile... »

C'était aussi l'opinion de Louis Salleron, considéré plutôt comme un traditionaliste : « On peut dire que pratiquement tout ce qui a été fait dans l'Église de France depuis quinze ans en matière de réformes – messe, liturgie en général, sacrements, catéchisme, etc. – viole expressément la lettre et l'esprit des textes conciliaires. »

Le thème du « concile trahi » aura la faveur des intellectuels déplorant la crise actuelle mais ne voulant en aucune façon avoir l'air de critiquer le fonctionnement des institutions. André Piettre écrivait dans *Le Figaro* : « L'heure est donc venue – en France comme ailleurs – de seconder les efforts du pape pour revenir à un Vatican II authentique et mettre enfin un terme aux trahisons commises en son nom par une " intelligentsia " sacerdotale placée souvent aux postes clés. »

Il est pourtant difficile de penser à une simple coïncidence entre le concile et la débandade qui l'a suivi immédiatement, comme lorsque l'on donne à l'école le signal de la récréation. Comment se fait-il que, rentrés dans leurs diocèses, les pères conciliaires se soient mis à se choisir des cravates, tandis que quarante mille prêtres à travers le monde jetaient leur froc aux orties et couraient se marier? Pourquoi dépouilla-t-on les églises de leur mobilier et de leurs statues pour les faire ressembler à des temples luthériens? Pourquoi se mit-on à remplacer l'orgue ou l'harmonium par la guitare, les vases sacrés par des écuelles en faïence et à faire lire l'Evangile par le garde-champêtre tandis que le curé devenait facteur? Pourquoi les vocations sacerdotales chutaient-elles brusquement et pourquoi les évêques jugeaient-ils bon de fermer leurs séminaires, même quand ils étaient encore fréquentés? Pourquoi surtout une bonne moitié des fidèles abandonnait-elle en masse la pratique religieuse?

Ratzinger attribuera ces chambardements « au déchaînement, à l'intérieur de l'Église, de forces latentes agressives et centrifuges ; et, à l'extérieur, à l'impact d'une révolution culturelle en Occident : l'affirmation d'une classe moyenne supérieure, la nouvelle « bourgeoisie du tertiaire » avec son idéologie libéralo-radicale de type individualiste, rationaliste, hédoniste. » Peut-être, mais c'est de toute évidence le concile qui a libéré ces forces latentes, alors que son rôle aurait dû être pour le moins de les réfréner. S'il n'a fait qu'attiser la « révolution culturelle », il faut bien croire qu'il portait en lui le vent qui déchaîne les tempêtes. Le cardinal n'avait-il pas dit, quand il était encore à Munich, que ce « processus de décadence » avait « commencé en grande partie sous le signe du concile » ?

Il reste que si le secret de Fatima ne parlait que de ces désordres, qui sont connus maintenant de tout le monde, il n'y aurait pas d'obstacle à le publier. Au contraire, cela aiderait le cardinal Ratzinger et le pape à « changer de route et à abandonner les voies d'erreur qui ont été empruntées ».

Un raisonnement logique, partant des témoignages que nous avons reproduits plus haut, conduit à penser que le secret parle du concile lui-même comme source de la crise qui secoue l'Église.

On comprend dès lors pourquoi les papes ne veulent pas – et dans une certaine mesure ne peuvent pas – le faire connaître.

Pour Jean XXIII, cela aurait abouti à lui faire abandonner l'idée dont il était si fier de convoquer un concile. Pour ses successeurs, cela équivalait à désavouer celui-ci. Or ils y tiennent – ou font mine d'y tenir – comme à la prunelle de leurs yeux. Il n'y a pas une homélie, une encyclique, une proclamation, un message, un discours qui ne se réfère d'une façon ou d'une autre et parfois avec surabondance à Vatican II. Le « Catéchisme catholique » paru en 1992 en reproduit de longs passages. Combien d'évêques et de prêtres font comme si l'histoire de l'Église se divisait en deux parties : 1. de Jésus-Christ jusqu'au concile, 2. après le concile. L'expression d'« Église conciliaire », lancée par le cardinal Benelli, est d'usage courant, comme s'il s'agissait d'une nouvelle Église fondée par les pères conciliaires entre 1962 et 1965.

S'y ajoute la pression des progressistes guettant chaque parole et chaque acte du Saint-Père pour voir s'il respecte le concile, s'il va plus loin ou s'il est en retrait. Le moindre soupçon de « retour en arrière », de « restauration » leur fait jeter des cris affreux. A peine Vatican II était-il achevé qu'ils réclamaient un Vatican III qui libérerait totalement la conscience chrétienne, supprimerait l'hégémonie doctrinale du pape et de l'« institution », autoriserait la contraception, l'avortement, le mariage des prêtres, le sacerdoce des femmes, n'obligerait plus à rien, permettrait le brassage des religions et instaurerait des rapports de saine égalité entre les hommes et Dieu.

Imaginons maintenant que la petite enveloppe de Lucie soit ouverte et que le concile y soit mis en cause. Quelle déflagration dans l'Église ! Quels remous dans le monde, auquel le courant conciliaire est lié par tant d'attaches, puisque sa principale idée-force est précisément « l'ouverture au monde » ! Quel dilemme aussi : écouter la voix de Notre-Dame de Fatima et revenir sur certaines déclarations conciliaires, ou continuer comme devant en décidant ouvertement qu'on ne tiendra pas compte de son message !

XIX

Le silence des papes – Le secret de Neues Europa
Une erreur chronologique
Ce qui est pourri tombera

La nature humaine ayant horreur du vide, le silence des papes ne pouvait avoir pour conséquence que d'encourager certains esprits entreprenants à reconstituer d'eux-mêmes la partie manquante du message de Fatima. Voici trente ans que circule un texte que beaucoup de personnes prennent pour argent comptant, alors qu'il semble fort sujet à caution. La chose partit d'un journal de Stuttgart, *Neues Europa*, qui réalisait un scoop le 1er octobre 1963 en publiant un « extrait du troisième message de Fatima ». Le journaliste, Louis Emrich, prévenait honnêtement qu'il ne l'avait pas trouvé dans le coffre-fort du Saint-Office. C'était, disait-il, la partie du secret que le pape (Paul VI) avait jugé bon de communiquer à trois grands de ce monde : le président Kennedy, le Premier ministre Mac Millan et Nikita Khrouchtchev. La nouvelle était entourée de précisions propres à lui donner tout son éclat :

« Ce texte a joué un grand rôle lors de la signature de l'accord anglo-américano-russe de Moscou (pacte du 5 août 1963, interdisant les essais nucléaires ; la France et la Chine n'y participaient pas. NDL'A). Les dirigeants des deux blocs de la politique mondiale étaient les uns comme les autres bouleversés par son contenu, tout comme le pape Pie XII, le pape Jean XXIII, le pape Paul VI. Selon les échos émanant des milieux diplomatiques, la conclusion de l'accord portant interdiction de tout essai ultérieur de bombes atomiques a été en grande partie la conséquence de l'impression profonde laissée par l'extrait du troisième message de Fatima sur les milieux diplomatiques compétents de Washington, Londres et Moscou. »

Emrich ne s'embarrassait pas de savoir si Pie XII avait lu le secret et ne donnait pas de plus grandes précisions sur ces « milieux diplomatiques » témoins de la scène. Voici le texte dont il a pu se procurer une copie et que, pour notre part, nous avons en de nombreux exemplaires imprimés ou ronéotypés, tant il fut repris et distribué. Il comprend plusieurs variantes de détail.

« Ne crains rien, chère petite. C'est la Mère de Dieu qui te parle et te demande de rendre public au monde entier le présent message. Ainsi faisant, tu rencontreras de fortes résistances. Écoute bien et fais attention à ce que je te dis.

« Les hommes doivent se corriger. Avec d'humbles suppliques, ils doivent demander pardon pour les péchés commis et pour ceux qu'ils pourraient commettre. Tu souhaites que je te donne un signe, afin que chacun accepte les paroles qu'à travers toi j'adresse à tout le genre humain. Ce miracle, tu viens de le voir à l'instant, c'est le Prodige du Soleil, et tous, croyants, non-croyants, paysans, citadins, journalistes, laïques, prêtres, tous l'ont vu. Et maintenant, proclame en Mon Nom : ... »

On note dès ce premier paragraphe une prolixité qui ne rappelle pas le style de la première partie du message. Mais aussi une erreur chronologique : la Vierge a parlé aux enfants avant le miracle scolaire et non après. D'autre part, il est constant qu'elle n'a pas donné l'ordre à Lucie de proclamer, et surtout séance tenante (« maintenant, proclame en Mon Nom »), ce qu'elle disait; elle avait au contraire ordonné aux enfants : « Cela, ne le dites à personne », et on sait les scrupules de Lucie lorsqu'elle fut sommée par son évêque de le mettre par écrit.

Suite du texte : « Un grand châtiment s'abattra sur toute l'espèce humaine, mais dans la seconde moitié du vingtième siècle. Je l'avais déjà révélé aux enfants de La Salette, Mélanie et Maximin, et aujourd'hui je te le répète, parce que l'humanité a péché et piétiné le don que je lui avais fait. Il n'y a d'ordre dans aucune partie du monde et Satan règne sur les plus hautes fonctions, déterminant le cours des choses. Il saura même s'introduire jusqu'aux plus hauts sommets de l'Église. Il réussira à séduire l'esprit des grands savants inventeurs des armes qui permettraient de détruire en quelques minutes la plus grande partie de l'humanité. Il aura en son pouvoir les puissants qui gouvernent les peuples et il les incitera à fabriquer d'énormes quantités de ces armes.

« Et si l'humanité ne s'y oppose pas, je serais contrainte de laisser libre le bras de mon Fils. Alors, tu verras que Dieu châtiera les hommes avec plus de sévérité encore qu'au temps du Déluge... »

Pour le Père Alonso, cette référence à Mélanie et Maximin n'était pas innocente, ce passage lui apparaissant comme « un démarquage malheureux du secret de La Salette ». Dans ce paragraphe aussi, la Vierge est très bavarde.

« Si l'humanité ne se convertit pas, ce sera le temps des temps et la fin des fins; et si tout demeure comme actuellement ou s'aggrave encore plus, les grands et les puissants périront avec les petits et les faibles.

« Le temps des plus grandes épreuves viendra aussi pour l'Église. Les cardinaux s'opposeront aux cardinaux, les évêques aux évêques. Satan marchera entre leurs files et de nombreux changements se produiront à Rome. Ce qui est pourri tombera, et ce qui tombera ne se relèvera plus. L'Église sera offusquée et le monde ravagé par la terreur. Le temps viendra où aucun roi, empereur, cardinal ou évêque n'attendra plus Celui qui cependant viendra, mais pour punir selon les desseins de mon Père.

« Une grande guerre se déchaînera dans la seconde moitié du vingtième siècle. Feu et fumée tomberont du ciel, les eaux des océans deviendront vapeur et l'écume s'élèvera, ravageant et engloutissant toute chose. Des millions et des millions d'hommes périront d'heure en heure, et ceux demeurés en vie envieront les morts. Partout où le regard se tournera, il n'y aura qu'angoisse, misère et ruines dans tous les pays. Tu vois? Le temps s'approche toujours plus, et l'abîme s'élargit sans aucun espoir.

« Les bons périront avec les méchants, les grands avec les petits, les princes de l'Église périront avec leurs fidèles et les souverains avec leurs peuples. La mort sera partout à cause des erreurs commises par les insensés et par les partisans de Satan qui alors, et seulement alors, règnera sur le monde; en dernier lieu, ceux qui auront survécu à ces événements et qui seront encore en vie proclameront à nouveau la gloire de Dieu et Le serviront comme au temps où le monde n'était pas aussi perverti.

« Va, ma petite, et proclame-le. Je serai toujours à tes côtés pour t'aider. »

Un des détails qui sautent aux yeux est la longueur de ce texte, donné comme un extrait du troisième secret, alors que Mgr Venancio avait vu par transparence dans l'enveloppe une simple feuille de papier dont il indiquait les dimensions. Mais F. Michel de la Sainte-Trinité y ajoute une remarque judicieuse : le message complet, nous le possédons déjà, à l'exception du passage omis par Lucie dans ses Mémoires.

Ce passage devrait s'insérer harmonieusement dans l'ensemble. Rappelons ce qui précède et ce qui suit le « blanc » dans les Mémoires :

« Le Portugal conservera le dogme de la foi, etc... »

« ... Mais enfin mon Cœur immaculé triomphera. Le Saint-Père me consacrera la Russie, qui se convertira, et il sera concédé au monde un temps de paix. »

Il est impossible d'intercaler le texte en question entre ces deux passages.

On allègue généralement que le secret révélé par *Neues Europa* n'a jamais été démenti, ce qui équivaudrait à un certificat d'authenticité. Mais, à ce titre, combien de fausses informations circulent par le monde sans jamais avoir été réfutées ! On sait que le Vatican est en général assez chiche de communiqués rectificatifs et un démenti, en la matière, semble avoir été apporté en 1981 par l'évêque de Fatima : « J'ai pris connaissance, disait-il, de textes du secret présentés comme authentiques. Je les ai lus attentivement et, bien que je fusse convaincu qu'il s'agissait de pure spéculation, j'ai contacté la voyante Lucie qui m'a confirmé que tout cela était une invention et n'avait rien à voir avec le contenu du message. »

Le principal inconvénient de ces affabulations est de détourner l'esprit des raisonnements logiques que l'on peut fonder sur les données historiques et sur les six mille documents qui forment l'épais dossier de Fatima. Le texte cité ci-dessus ne fait aucune allusion au concile, dont ces raisonnements conduisent à penser qu'il constitue le nœud de la question. La communication de ce « secret » aux dirigeants des grandes puissances s'accorde mal au style de la diplomatie vaticane du temps de Montini ; en revanche, le mot « concile » dans l'authentique troisième secret ne pouvait être qu'un repoussoir aussi puissant que celui de « Russie » dans le deuxième. C'est très vraisemblablement là qu'il faut chercher la raison de sa non-publication.

XX

Le concile avorté – Un prêtre de la vieille école
Le tableau qui dénonce – Le rendez-vous de Metz

On a oublié le bruit produit dans le monde par le concile Vatican II. Un coup d'œil jeté sur les journaux du temps témoigne encore de l'événement qu'il fut, dans une période qui n'en manquait pas. Les agnostiques s'y intéressaient autant que les fidèles de religions différentes, les gouvernements étaient attentifs, l'URSS avait ses observateurs à Rome et aussi ses espions, le Grand Orient suivait soigneusement l'évolution des débats. Indiscutablement, ce que fait l'Église ne laisse pas indifférent. A un titre moindre, on a vu par la suite l'intérêt manifesté par la presse au « Catéchisme de l'Église catholique » publié en France à l'automne de 1992 et devenu en deux mois, en partie grâce à elle, un best-seller.

Or le concile aurait pu avoir lieu dix ans plus tôt, après la secousse de la guerre. Pie XII y songea en 1948. Il constitua même une commission préparatoire puis, quand elle eut rendu compte de ses travaux, une commission centrale qui envoya une circulaire à un certain nombre d'évêques pour leur demander leur avis sous le sceau du secret. Cette lettre a été publiée bien après par *La Documentation catholique*; elle indique l'esprit dans lequel le pape envisageait le concile :

« Le bourbier d'erreurs dangereuses, ainsi que les

graves périls dont se trouvent menacées l'Église et la société, qui ont conduit à convoquer le solennel concile du Vatican il y a quatre-vingts ans, loin de s'éloigner et de diminuer, semblent au contraire s'aggraver. »

Si l'on se souvient, Vatican I avait été interrompu par la guerre de 1870; le propos de Pie XII était de reprendre les travaux inachevés. La circulaire expliquait : « Parmi les questions de foi et de mœurs qui avaient été préparées pour le concile du Vatican, celles qui ont été définies étaient peu nombreuses, bien que graves. Beaucoup, par contre, ont été différées. Parmi ces dernières, certaines sont dépassées. Pour d'autres, des décrets du Saint-Siège y ont pourvu par la suite, mais il en est quelques-unes qui attendent encore leur solution. A celles-ci s'ajoutent des questions nouvelles et très graves qui surgissent de partout aujourd'hui pour s'opposer au Christ, à Sa doctrine et à Son Église. »

Au nombre de ces questions nouvelles comptait le communisme, apparu entre-temps et répondant pleinement à cette définition. Il était demandé aux évêques, « sous le secret très strict du Saint-Office », de dire « en quelque phrases bien claires » ce qu'ils jugeaient « particulièrement digne d'être actuellement soumis à l'examen du futur concile et, le cas échéant, d'être défini par lui, parmi les questions doctrinales ou pratiques, morales, juridiques ou sociales, celles concernant la discipline du clergé et du peuple chrétien, ou l'extension du royaume de Dieu par les missions. »

Si le concile avait eu lieu dix ans plus tôt, il aurait pris, selon ce qu'on peut préjuger, une toute autre tournure. Jusqu'alors un concile procédait par définitions et par condamnations. Chaque erreur était identifiée, analysée, présentée en termes clairs de façon qu'on pût la reconnaître sous ses différents avatars.

Le concile jetait l'anathème contre qui professait cette erreur. C'est de cette manière que les hérésies ont été extirpées à mesure qu'elles se présentaient au cours des siècles et que le dogme chrétien est demeuré pur de toute corruption.

Un concile aurait donc très certainement, vers 1952, condamné le néo-modernisme – ce qu'avait déjà fait Pie XII par son encyclique *Humani Generis* – et le communisme. Il aurait engagé son infaillibilité, parce qu'on n'avait jamais entendu parler jusqu'alors d'un concile œcuménique qui eût procédé autrement. On sait qu'une définition dogmatique faite sous le signe de l'infaillibilité par un pape ou un concile œcuménique est irréformable à tout jamais.

C'est un risque que ne voulaient pas courir les libéraux, très actifs au sein de l'Église. Ils firent tout ce qu'ils purent pour que le projet échoue et Pie XII, en fin de compte, renonça à son entreprise.

Pour comprendre le lien entre ce concile avorté et celui qui se déroulera sous Jean XXIII et Paul VI, il faut se remettre en mémoire la définition du modernisme citée plus haut : « Tendance à mettre la théologie, l'exégèse, la doctrine sociale et le gouvernement de l'Église en accord avec les données de la critique historique et de la philosophie modernes, et avec ce qu'on croit être les nécessités de l'époque où l'on vit. »

Comme c'était exactement ce que voulaient faire les libéraux, ils devaient éviter à tout prix une condamnation qui eût ruiné leurs projets à tout jamais. Pour soutenir le choc d'un concile, ils n'étaient pas encore prêts; la personnalité de Pie XII ne leur promettait rien de bon. Ils préféraient attendre un autre pape, plus accessible aux innovations.

Jean XXIII répondait-il à cette définition? Oui dans une certaine mesure. L'ancien patriarche de

Venise était sous bien des aspects un prêtre de la vieille école, qui avait fait remettre dans son bureau, dans la ville des doges, les meubles de son prédécesseur saint Pie X, rappelé à l'ordre les démocrates-chrétiens désireux de s'affranchir de la hiérarchie, dénoncé l'erreur pour les chrétiens de collaborer avec les communistes, même sur un terrain limité à l'action sociale. Il approchait des quatre-vingts ans lors de son élection au trône pontifical, ce qui ne laissait pas attendre qu'il changeât radicalement d'attitude. Mais il fut aussi le premier pape à avoir exalté dans une encyclique (*Pacem in Terris*) les droits de l'homme, à avoir confié le secrétariat pour l'Unité, fondé par ses soins, à deux novateurs enragés, le cardinal Bea et Mgr Willebrands, qui mèneront l'œcuménisme vers une tour de Babel des religions. Il restera enfin dans l'Histoire comme « le pape de l'ouverture au monde ».

Jean XXIII pouvait donc faire l'affaire, mais il fallait pousser à la roue si l'on voulait renverser les habitudes, et ce fut le coup de force du 13 octobre 1962, qu'il nous faut raconter ici plus au long.

Selon la méthode de travail ordinaire, le pape nomma des commissions préparatoires qui travaillèrent deux ans, reprenant en gros ce qui avait été fait du temps de Pie XII, l'améliorant et le remettant à jour. Pour lui, le concile devait consister à dépoussiérer l'Église, à opérer un « aggiornamento ». Il pensait que ce serait l'affaire de quelques mois.

Quand le concile s'ouvre, c'est porté sur la *sedia gestatoria* que Jean XXIII suit le long cortège des évêques mitrés de blanc qui montent lentement les degrés de la basilique Saint-Pierre pour prendre place sur les gradins dressés de part et d'autre de la nef. Les chapelains secrets portent sur un coussin la tiare qu'il ceindra tout à l'heure selon l'usage. Le cérémonial, le décor, tout indique que l'on est encore dans ce qui sera appelé plus tard « l'Église antéconciliaire ». Le temps d'une messe, messe pontificale célébrée par Jean XXIII selon le rite millénaire, quelques minutes de plus encore pour commencer l'ordre du jour, et l'on se trouvera projeté dans « l'Église conciliaire », appelée de tous leurs vœux par les libéraux.

Que s'est-il passé ? Peu de chose en apparence, en réalité une révolution. Le secrétaire général, Mgr Felici, a fait distribuer la liste des noms figurant dans les commissions préparatoires : elle doit aider les pères à choisir ceux d'entre eux qui figureront dans les commissions définitives. Ils reçoivent aussi la liste des 2 400 évêques et supérieurs généraux de grands ordres présents, de façon à panacher, s'ils le jugent bon, et à s'inscrire eux-mêmes s'ils en ont envie. Un travail administratif de routine si l'on a la ferme conviction que c'est l'Esprit-Saint qui mène vraiment le jeu dans un concile, et non la somme des opinions particulières, comme cela se produit ou devrait se produire dans un Parlement.

Mais tandis qu'on procède à cette distribution de documents, le cardinal Frings, archevêque de Cologne, brandit les papiers qu'il vient de recevoir comme pour donner un signal et, avant que Felici ait fini de donner les indications voulues, un grand vieillard se lève pour demander la parole.

Ce qu'il a à dire tient en peu de mots. Le cardinal Liénart, évêque de Lille – car c'est de lui qu'il s'agit – donne lecture d'une note faisant valoir que les pères ne peuvent pas se faire aussi rapidement une idée des qualifications des candidats, et demande un délai de quelques jours. Après deux ou trois secondes de surprise, des applaudissements partent de quelques pupitres puis se propagent à toute l'assemblée. La dynamique de groupe a bien fonctionné. Le délai demandé revient à récuser les commissaires, dont le choix avait été fait par le pape, et, par le fait même, à jeter à la corbeille les « schémas » qu'ils avaient préparés. C'est ce que voulaient les quatre cardinaux – Frings, Tisserant, Liénart et Alfrink – chefs de file du mouvement libéral. Ils pouvaient dès ce moment partir sur nouveaux frais.

La presse internationale ne s'est pas trompée sur le sens de cet incident. Les titres du lendemain le disaient éloquemment : « Les évêques français en révolte au concile », « La rébellion des évêques », « L'aile innovatrice impose une liste internationale »...

Mais y avait-il eu vraiment conjuration ? Tisserant le nia pendant de longues années, il en fit même un article dans *Le Figaro* en 1978, en expliquant que tout avait été fortuit : comme il entrait dans la basilique, le cardinal Lefebvre, évêque de Bourges, lui avait glissé un papier dans la main en lui demandant de le lire en séance, puisqu'il faisait partie des douze vice-présidents. Pour lui rendre service, Tisserant s'exécuta ; ce n'est pas du tout parce qu'il avait vu le signal de Frings.

Puis, en 1979, paraît un livre de Jean Guitton sous le titre « Paul VI secret », où l'on peut lire : « Visite le lendemain (2 novembre 1970) au cardinal Tisserant... Il me fait voir un tableau, fait par sa nièce, d'après une photographie, qui représente une réunion des cardinaux avant le concile. On y voit six ou sept *porporati* autour du président, qui est Tisserant : " Ce tableau est historique, ou plutôt il est symbolique. Il représente la réunion que nous avions eue avant l'ouverture du concile, où nous avions décidé de bloquer la première séance, en refusant des règles tyranniques établies par Jean XXIII ". »

Cette réunion ne fut pas la seule, si l'on pense à celle qui eut pour théâtre une petite localité des environs de Metz en août 1962. On sait tout sur l'entrevue qu'y eurent le cardinal Tisserant, envoyé par

Jean XXIII, et le métropolite orthodoxe de Leningrad Nicodème (celui qui devait mourir en septembre 1978 entre les bras de Jean-Paul Ier). L'affaire fut révélée par l'évêque de Metz en ces termes : « Parce que le système socialiste mondial manifeste d'une façon incontestable sa supériorité et qu'il est fort de l'approbation de centaines et de centaines de millions d'hommes, l'Église ne peut plus se satisfaire de l'anticommunisme grossier. Elle a même pris l'engagement, à l'occasion de son dialogue avec l'Église orthodoxe russe, qu'il n'y aurait pas dans le concile d'attaque directe contre le régime communiste. » En échange, les orthodoxes pourraient envoyer des observateurs au concile. Ils vinrent, accompagnés chacun, pour plus de sécurité, d'un prêtre désigné par le gouvernement soviétique. Un agent en titre de ce gouvernement coiffait le tout – des pères conciliaires l'appelaient « le Spoutnik » – et un journal tchécoslovaque pourra écrire en 1965 : « Le communisme a réussi à s'infiltrer dans toutes les commissions conciliaires ».

On était très loin du message de Fatima : « La Russie répandra ses erreurs sur le monde... ». Le pacte fut respecté au-delà de toute mesure : le communisme ne fut même pas mentionné pendant toute la durée du concile, malgré une pétition signée par 450 évêques appartenant à 86 pays et qui fut oubliée tout à fait par hasard dans un tiroir. La Constitution pastorale *Gaudium et Spes* s'exprimait de la façon la plus neutre qui soit :

« On rejette au contraire toutes les formes politiques, telles qu'elles existent en certaines régions, qui font obstacle à la liberté civile et religieuse, multiplient les victimes des passions et des crimes politiques et détournent, au profit de quelque faction ou des gouvernants eux-mêmes, l'action de l'autorité, au lieu de la faire servir au bien commun. »

Ainsi l'Église acceptait de rendre les armes. Si l'on en croit l'évêque de Metz, sous prétexte que ces erreurs étaient approuvées par des centaines de millions d'hommes, elle cessait de les combattre. Ce que l'on connaît, surtout depuis 1989, des compromissions des dignitaires orthodoxes russes avec le régime bolchevique rend plus étonnant encore le marché de dupes consistant à obtenir de la part de l'URSS l'envoi d'observateurs au concile. Mais on ne peut s'empêcher de penser que c'était aussi un marché odieux, au moment où tant de prêtres catholiques et orthodoxes souffraient persécution derrière le Rideau de fer.

La tournure prise par ce concile peut apparaître comme un défi à la Vierge, si l'on songe à cette saisissante coïncidence de dates : le jour de la première séance qui donna lieu au coup de force de Tisserant et de ses alliés était un 13 octobre, anniversaire du miracle solaire de Fatima.

XXI

Demi-tour à gauche – Dieu n'a pas besoin du concile Introduction de la problématique – Le Nouvel Âge

Vatican II a été le vingt et unième concile œcuménique de l'Église depuis celui de Nicée en 325. Mais tandis que les vingt premiers ont précisé siècle après siècle le dogme de la foi, il apparaît à tout observateur attentif que celui-ci a eu pour effet d'opérer un retournement des rapports entre l'homme et Dieu. À l'observateur superficiel, ce retournement ne peut manquer d'échapper non plus, s'il entre dans une église au moment de la messe. Naguère, prêtre et fidèles, pendant la messe, regardaient tous dans la même direction : l'orient où le Messie est né, le tabernacle où il assure sa présence permanente dans les Saintes Espèces. Aujourd'hui ils sont rangés en rond autour d'une table où est censé se consommer « le repas du Seigneur ». Le tabernacle est rejeté sur le côté. Ce n'est plus Dieu qui occupe le centre, c'est l'homme.

Vingt et unième concile, vingt et un ans, la majorité n'était pas encore à dix-huit au début des années soixante. L'homme déclaré adulte adore son Dieu debout, il reçoit la communion dans la main et l'avale avec désinvolture en retournant s'asseoir à sa place. La Constitution « L'Église dans le monde de ce temps » commence par ces mots :

« Croyants et incroyants sont généralement d'accord

sur ce point : tout sur Terre doit être ordonné à l'homme comme à son centre et à son sommet. »

L'Église enseignait jusqu'alors que tout doit être ordonné à Dieu. Certes, il y eut plus d'une parole fort différente prononcée par Paul VI : « Notre Seigneur Jésus-Christ, le Verbe incarné, le Fils de l'Homme, le Fils de Dieu et le Rédempteur du monde, c'est-à-dire l'espérance de l'humanité et son seul souverain Maître, ... Roi à venir des siècles éternels », mais le même pape disait dans son discours de clôture : « Reconnaissez-lui au moins ce mérite (au concile), vous humanistes modernes qui renoncez à la transcendance des choses suprêmes, et sachez reconnaître notre nouvel humanisme : nous aussi, nous plus que quiconque, nous avons le culte de l'homme. » Et encore : « Ce concile, dont les travaux et les préoccupations ont été consacrés principalement à l'homme, ne serait-il pas destiné à ouvrir une nouvelle fois au monde moderne les voies d'une ascension vers la liberté et le vrai bonheur ? »

On entend bien que cela puisse signifier : le concile s'occupe de l'homme pour ramener l'homme à Dieu, dont il s'est éloigné. Dieu n'a pas besoin du concile. C'est l'homme qui a besoin qu'on se penche sur lui parce qu'il est pénétré « de doutes et d'angoisses », ayant refusé « de reconnaître Dieu comme son principe » et « ayant rompu toute harmonie, soit par rapport à lui-même, soit par rapport aux autres hommes et à toute la Création. »

Mais le langage conciliaire ne laisse pas d'être ambigu et c'est sa marque caractéristique. On le retrouve dans le discours de Paul VI à l'ONU, un peu avant la quatrième session : « Les peuples se tournent vers les Nations unies comme vers l'ultime espoir de la concorde et de la paix. Nous osons apporter ici, avec le Nôtre, leur tribut d'honneur et d'espérance. Et voilà pourquoi pour vous aussi ce moment est grand... Ce qu'il y a de plus beau dans l'Organisation des Nations unies, c'est son visage humain le plus authentique, c'est l'idéal dont rêve l'humanité dans son pèlerinage à travers le temps, c'est le plus grand espoir du monde... » Tout cela a beau aboutir à saint Paul et à un appel à la conversion intérieure, il n'est pas étonnant que l'encyclique *Pacem in Terris* de Jean XXIII – tout autant que le discours de Paul VI – ait trouvé à l'ONU « une résonance si honorable et si significative ».

Le culte rendu à l'homme, l'observateur le rencontre aussi au moment des funérailles chrétiennes. Avant le concile, la liturgie faisait prier pour cette âme qui se présentait tremblante devant le Juge suprême. C'est à Dieu que l'on s'adressait : « Donnez-lui, Seigneur, le repos éternel, et que Votre lumière luise à jamais sur lui. » La formule de remerciement adressée aujourd'hui par les familles à ceux qui ont assisté aux obsèques, formule rédigée par les pompes funèbres avec l'approbation des autorités ecclésiastiques, est significative d'un changement radical :

« M. et Mme... et toute la famille, très profondément touchés, vous remercient du fond du cœur de votre réconfort par vos pensées, vos gestes, vos paroles, vos fleurs, votre présence, des marques de sympathie que vous leur avez témoignées et de vous êtes unis dans la peine qu'ils éprouvent par la disparition de..., ainsi qu'au dernier hommage qui lui a été rendu. »

La cérémonie correspond généralement à cette formulation. La messe est souvent omise. Le panégyrique forme l'essentiel, on retrace familièrement la vie du défunt, on parle de sa famille, on expose parfois son portrait, on fait entendre des disques qu'il aimait. S'il y a une prière, elle est réduite au minimum, de façon à ne pas choquer les agnostiques présents dans l'église. Ils sont invités, tandis que les

« croyants » jettent quelques gouttes d'eau bénite sur le cercueil, à y poser simplement la main. C'est dans toute l'acception du mot un « dernier hommage », une affaire d'hommes.

Le concile s'est montré fasciné par le monde moderne : « Le genre humain vit aujourd'hui un âge nouveau de son histoire, caractérisé par des changements profonds et rapides qui s'étendent peu à peu à l'ensemble du globe. Provoqués par l'homme, par son intelligence et son activité créatrice, ils rejaillissent sur l'homme lui-même, sur ses jugements, sur ses désirs, individuels et collectifs, sur ses manières de penser et d'agir, tant à l'égard des choses qu'à l'égard de ses semblables. A tel point que l'on peut déjà parler d'une véritable métamorphose sociale et culturelle dont les effets se répercutent jusque sur la vie religieuse. »

La Constitution *Gaudium et Spes* ne tarit pas d'admiration devant cette évolution : « Les conditions de vie de l'homme moderne, au point de vue social et culturel, ont été profondément transformées, si bien que l'on peut parler d'un nouvel âge de l'histoire humaine... Les sciences dites exactes développent au maximum le sens critique ; les recherches les plus récentes de la psychologie expliquent en profondeur l'activité humaine; les disciplines historiques poussent fortement à envisager les choses sous leur aspect changeant et évolutif... »

Le même texte conciliaire y revient à plusieurs reprises : « Le mouvement même de l'Histoire devient si rapide que chacun a peine à le suivre. Le destin de la communauté humaine devient un, et il ne se diversifie plus comme en autant d'histoires séparées entre elles. Bref, le genre humain passe d'une notion plutôt statique de l'ordre des choses à une conception plus dynamique et évolutive ; de là naît, immense, une problématique nouvelle, qui provoque à de nouvelles analyses et à de nouvelles synthèses. »

« Problématique... statique... dynamique... analyses... psychologie des profondeurs », le style ecclésiastique a subitement, lui aussi, évolué et l'on n'est pas peu surpris, avec le recul du temps, de voir apparaître la notion d' « âge nouveau », de « nouvel âge », précédant un mouvement d'origine américaine, le « New Age », qui ne naîtra que dans les années soixante-dix et se répandra en quelques années sur le Vieux Continent.

Les pères conciliaires ne prévoyaient certes pas l'émergence de ce mouvement imprégné d'ésotéro-occultisme, mais ils lui avaient indiscutablement ouvert la voie par le ton millénariste de leurs déclarations. Ils suggéraient un changement de fond dans l'histoire humaine : un fossé leur paraissait exister entre l'époque présente, marquée par le progrès des sciences, et les deux millénaires écoulés.

Plus tard, l'Église s'inquiétera du mouvement du Nouvel Âge. En France, l'épiscopat instituera en 1988 un groupe national Pastorale et sectes, dont ce sera le premier sujet de préoccupation. Le compte rendu de sa première rencontre contient ce paragraphe révélateur :

« Le Nouvel Âge va représenter un des " challenges ", des " défis " importants pour le christianisme dans les années qui viennent. D'abord parce que ces mouvements sont soucieux de hâter sa disparition pour faire place à la future religion mondiale. Ensuite parce que ce type de sensibilité religieuse revêt bien des traits de la gnose éternelle. Enfin, parce que de nombreux chrétiens pratiquent couramment la double appartenance. »

L'Église s'était toujours employée à présenter une vision du monde transcendant les péripéties de l'histoire humaine. Celles-ci n'ont pas manqué, il est vrai, pendant deux mille ans : effondrement de l'empire romain, grandes invasions, découverte du Nouveau

Monde, exploration de la planète jusqu'à la réduction presque absolue des *terrae incognitae*, guerres, révolutions, disparitions d'États existants, création de nouveaux, édification de l'empire soviétique... Elle professait que la nature humaine ne change pas, que la destinée de l'homme est invariablement la même, qu'il se déplace en chariot à bœufs ou en avion supersonique, que les seuls événements vraiment déterminants sont la création de l'homme, sa chute, la promesse d'un Sauveur, la conception de Jésus le jour où l'Ange apparut à Marie, sa naissance le soir de Noël, sa mort, sa Résurrection. Il n'y avait pas de problématique nouvelle, c'était la problématique commencée lorsque l'Esprit de Dieu planait sur les eaux et qui ne devait se terminer qu'au Jugement dernier.

Mais sur Vatican II planait l'esprit des philosophes allemands, avec « l'aspect changeant et évolutif » de toute chose, le progrès irréversible, l'espèce, surgie de la matière, emportée dans un perfectionnement continu, au détriment des individus, « pour que des plans, des dispositions de la nature ou de la raison soient réalisés » (Siri). Planait aussi le rêve de Teilhard de Chardin qui voyait l'humanité en marche vers sa propre apothéose et se fondant en un seul être pour devenir à la fin de son évolution le « Christ cosmique ».

XXII

Deux mots latins qui changent tout
Une idée de derrière la tête
Programme commun – Un détail : Jésus

Autre nouveauté non négligeable : à Vatican II, l'Église a changé sa propre définition. On trouve ce fait étonnant dans la Constitution dogmatique *Lumen Gentium*. Après avoir repris la doctrine ancestrale selon laquelle l'Église, fondée par Jésus-Christ, est constituée d'un groupement visible et d'une communauté spirituelle, comprenant ainsi dans une seule réalité complexe un élément humain et un élément divin, après avoir rappelé que, comme le professe le Credo, elle est une, sainte, catholique et apostolique, les pères conciliaires ont écrit :

« Cette Église subsiste dans l'Église catholique gouvernée par le successeur de Pierre et les évêques en communion avec lui... »

Formule nouvelle (en latin : *subsistit in*) que le catéchisme publié par Rome en 1992 traduira avec quelque embarras : « Cette Église est réalisée dans... »

On disait jusqu'en décembre 1965 : « L'Église fondée par Jésus-Christ est l'Église catholique ».

Pour abandonner ce verbe simple, qui établissait clairement un rapport d'identité entre les deux choses, il faut avoir une idée derrière la tête. La définition conciliaire laisse entendre que l'Église catholique romaine n'est pas l'unique Église du Christ, mais simplement une de ses réalisations. Que d'autres religions peuvent y prétendre aussi.

L'idée de derrière la tête passe à l'avant-plan dans la suite des textes dès qu'il est question des religions non chrétiennes. Il se produit alors un glissement sémantique intéressant à étudier : le concile remet en vigueur l'expression « peuple de Dieu », qui est comme un synonyme d'Église.

L'encyclopédie Théo explique : « Les catholiques, depuis le concile Vatican II, au moins certains d'entre eux, aiment, de nos jours, appeler l'Église " peuple de Dieu " parce que cette expression a l'avantage, à leurs yeux, de donner une présentation acceptable de l'Église pour un temps de démocratie *(sic)* et de souligner la continuité entre le peuple juif et les chrétiens. »

Il y a une autre raison, plus sérieuse, que fournit *Lumen Gentium* : « Enfin, ceux qui n'ont pas encore reçu l'Évangile sont ordonnés de façons diverses au peuple de Dieu. Et d'abord le peuple qui reçut les alliances et les promesses et dont le Christ est né selon la chair... Mais le dessein de salut englobe aussi ceux qui reconnaissent le Créateur, et parmi eux, d'abord, les musulmans... Quant à ceux qui cherchent le Dieu inconnu sous les ombres et les figures, Dieu lui-même n'est pas loin d'eux non plus, puisqu'il donne à tous la vie, le souffle et toutes choses... »

La déclaration *Nostra Aetate* va plus loin, en élargissant sa sollicitude aux autres religions non chrétiennes, l'hindouisme, le bouddhisme et toutes celles « qu'on trouve de par le monde (et qui) s'efforcent d'aller au devant, de façons diverses, de l'inquiétude du cœur humain en proposant des voies, c'est-à-dire des doctrines, des règles de vie et des rites sacrés. »

Poursuivons notre lecture : « L'Église catholique ne rejette rien de ce qui est vrai et saint dans ces religions. Elle considère avec un respect sincère ces manières d'agir et de vivre, ces règles et ces doctrines qui, quoiqu'elles diffèrent en beaucoup de points de ce qu'elle-même tient et propose, cependant apportent souvent un rayon de la Vérité qui illumine tous les hommes. »

Ces affirmations sont à l'origine de ce qu'on peut appeler l'œcuménisme élargi. La formule d'Origène en l'an 240 : « Hors de l'Église, point de salut » a gardé toute sa vérité, puisque le catéchisme de 1992 y revient, tout en réservant, comme il a toujours été entendu, la possibilité pour les non-catholiques d'être sauvés si « sans faute de leur part, ils ignorent l'Évangile du Christ et son Église, mais cherchent pourtant Dieu d'un cœur sincère et s'efforcent d'accomplir Sa volonté telle que leur conscience la leur révèle » (baptême de désir). Mais le concile a donné l'impression d'ébranler cette loi. C'est en tout cas ainsi que ses déclarations ont été comprises.

Des évêques et des prêtres font quêter pour aider à construire des mosquées en France, puisque l'on peut être sauvé tout en suivant Mahomet. Des prêtres ont reçu de leur évêque l'interdiction de chercher à convertir les musulmans. Des églises ont été ouvertes à des « non-chrétiens » qui ont placé la statue de Bouddha à la place du crucifix, la cathédrale de Chartres a été prêtée à des druides pour y adorer le soleil au solstice d'été. En 1991, un colloque avait lieu à l'Institut catholique de Paris, où un intervenant a demandé : « Comment ne pas croire que Dieu, mystérieusement, a parlé dans le Coran ? » « Si le concile, a fait remarquer un autre, n'a pas dit que les religions étaient proprement voies de salut pour leurs membres, il allait plutôt dans ce sens. » Pendant la guerre du Golfe, l'évêque de Montpellier, Mgr Boffet, signait, avec les dirigeants de toutes les confessions de la ville, un texte contre le racisme où l'on pouvait lire : « Dans les moments difficiles que traverse la communauté internationale, nous devons puiser dans la lecture des textes sacrés, le Coran, la Bible, le Talmud, et le respect de la Constitution française, les éléments d'une compréhension mutuelle au-delà des différences. »

Les différences, quelles sont-elles? Pour ne pas entrer dans les détails, retenons la principale : c'est la personne même de Jésus-Christ. Les lecteurs du Talmud voient en lui un imposteur, car il s'est dit Fils de Dieu et ils estiment qu'il ne l'est pas. Les lecteurs du Coran peuvent lire dans leurs sourates (XXIII 92, V 76, XXXIX 6, XIX 92, etc.) que ceux qui l'adorent sont des idolâtres.

Comment ne pas penser qu'il s'agit vraiment d'une révolution? Non seulement l'Église changeait sa définition, mais elle acceptait que son fondateur ne soit qu'une différence parmi d'autres, un détail en quelque sorte.

Cette question, qu'il faut bien considérer comme primordiale, donne du fil à retordre à ceux qui essaient de promouvoir l'œcuménisme élargi. Au colloque cité plus haut, le Père Doré, doyen de la faculté de théologie de l'Institut catholique de Paris, ne voyait d'autre solution que de minimiser, d'une façon assez drolatique, l'importance du Fils de Dieu, en mettant en concurrence les Personnes de la Sainte-Trinité : « Il est bien certain qu'en la matière qui nous occupe, la christologie est au centre du débat. Non pas que le Christ soit absolument tout, ni qu'il soit absolument tout seul. D'une part, le Christ n'est ni le principe ni la fin puisque, dans les deux cas, c'est le Père, de qui tout vient et à qui tout retourne, qui tient ce lieu et joue ce rôle. Et d'autre part, le Christ n'est pas seul à opérer au nom du Père puisqu'il y a aussi l'Esprit. »

Le Christ alpha et oméga (Apocalypse), c'était fini, l'œcuménisme conciliaire avait réussi ce tour de force d'évincer Jésus-Christ pour pouvoir signer des manifestes avec les musulmans et les juifs. De la même façon, la Commission pour les relations religieuses avec le judaïsme travaille à édifier un programme de collaboration avec les israélites « dans la poursuite de la justice sociale et de la paix, au niveau local, national et international » en mettant au point une sorte de programme commun que le vice-président du Congrès juif mondial concevait ainsi le 11 novembre 1992 au cours d'une rencontre à Rome avec ses partenaires catholiques :

« Je vois la possibilité d'une telle coopération notamment dans trois domaines : la protection des droits de l'homme, basée sur le concept de la création de l'homme à l'image de Dieu ; nos préoccupations écologiques, basées sur le concept de la préservation de la création ; et les problèmes sociaux extrêmement difficiles que nous rencontrons dans les grandes villes, basés sur l'enseignement social des prophètes d'Israël. »

Il suffirait, en d'autres termes, de faire comme si le Messie n'était pas venu, d'oublier, selon la formule bien connue, « ce qui nous divise pour ne retenir que ce qui nous unit ». Le concile, cité ci-dessus, retient comme dénominateur commun avec juifs et musulmans la croyance en Dieu créateur. Il serait donc possible d'entreprendre des actions communes en remontant à la Création et aux prophètes de l'Ancien Testament, que tout le monde reconnaît, et en « faisant l'impasse » sur l'Incarnation, la divinité de Jésus-Christ, la Rédemption, les Évangiles.

L'Église ne prie plus pour la conversion des juifs, le Vendredi Saint, ni pour que, « connaissant la lumière de votre vérité, qui est le Christ, ils soient arrachés à leurs ténèbres », comme on le faisait, dans l'ancienne liturgie, du temps de Fatima.

XXII

Le discours de Casablanca – Un pape à la synagogue
Le calumet de la paix
La bénédiction du grand maître

Rendant compte des cérémonies du 75e anniversaire de Fatima, en 1992, l'abbé Laurentin, qui jouit d'une certaine autorité en la matière, écrivait ces lignes : « Le troisième secret annonçait (et voulait empêcher) la crise de la foi et du clergé qui survint autour de 1968... La substance (du secret) en est connue. Il n'y aura donc pas de surprise le jour où l'édition intégrale des documents publiera le texte. Ce dont j'exprime le vœu depuis longtemps. »

Mais, pour lui, cette crise – qu'il date tardivement pour les besoins de la cause – est due à « la formidable tentation de l'après-concile, qui a trahi Vatican II ». Le secret n'incrimine pas le concile lui-même.

C'est la grande équivoque de ces trente dernières années : si quarante mille prêtres ont défroqué, « fait sans précédent dans l'histoire de l'Église » reconnaît Laurentin, si beaucoup des prêtres restés à leur poste ont cessé de dire leur messe quotidienne et répugnent à être des « distributeurs de sacrements », si les missionnaires passent le plus clair de leur temps à creuser des puits au lieu de baptiser, si ceux qui « travaillent » en Amérique du Sud ont un faible pour la Kalachnikov, si tant d'autres délaissent le ministère des paroisses pour s'adonner à des réunions, des rencontres, des échanges, des dialogues, s'il y a pénurie de vocations, si des dizaines de milliers d'églises parsemant le territoire français restent closes, si les évêques ne sont plus les maîtres dans leurs diocèses, si l'inculture religieuse des étudiants inquiète même les professeurs d'université agnostiques, si on ne dit plus la prière dans les écoles catholiques, il faut s'en prendre à la mauvaise interprétation qui a été faite des documents. Mais il est convenu que le concile est intouchable.

Les déclarations que nous avons reproduites ci-dessus au sujet de l'œcuménisme ont-elles été mal interprétées ? Mais Jean-Paul II, qui a déclaré : « Il nous faut réaliser le concile tel qu'il est et non comme certains voudraient le voir et le comprendre », est aussi le pape du discours de Casablanca, de la visite à la synagogue de Rome et de la rencontre d'Assise, celui qui a reçu à Madras l'onction de Civa, troisième personne de la trinité hindoue, et, dans le Grand Nord canadien, a laissé le chef huron Ke-Jen-Manito invoquer publiquement devant lui le Grand Esprit, qui a participé à des cérémonies animistes en Afrique noire.

A Casablanca, le 19 août 1985, son discours à la jeunesse musulmane se terminait par une prière dans laquelle le Christ n'était pas mentionné : « Dieu, Tu es l'unique, à Toi notre adoration... Auteur de la justice et de la paix, accorde-nous la joie véritable, l'amour authentique, la fraternité durable entre les peuples. Comble-nous de tes dons à jamais. Amen ! » C'était la première fois qu'un pape ne terminait pas une oraison par les mots : « Per Dominum nostrum Jesum Christum ».

En application du concile aussi, et non d'une fausse interprétation qui en aurait été faite, eut lieu le 13 avril 1986 la première visite d'un pape dans une synagogue. En réponse aux propos du président de la communauté israélite de Rome et du grand rabbin Toaff, Jean-Paul II disait : « Nous sommes parvenus avec de grandes difficultés à la commune acceptation d'une légitime pluralité sur le plan social, civil et religieux. » (...) « Avant tout, chacune de nos religions... veut être reconnue et respectée dans son identité propre, au-delà de tout syncrétisme et de toute appropriation équivoque... » « Nous sommes disposés à approfondir le dialogue dans la loyauté et l'amitié, dans le respect des convictions intimes des uns et des autres, en prenant comme base fondamentale les éléments de la Révélation que nous avons en commun comme un " grand patrimoine spirituel " ».

L'historien peut en dégager quatre dispositions nouvelles par rapport à ce qui était professé jusque-là : l'Église reconnaît l'identité propre de la religion judaïque; la base d'entente fondamentale peut laisser de côté l'Incarnation; il est légitime d'être juif plutôt que chrétien; respecter les convictions intimes d'autrui supprime le devoir de convertir.

Le rassemblement de prière d'Assise, le 27 octobre 1986, étend ces dispositions à toutes les religions. C'était un lundi, c'est-à-dire un jour neutre, puisque le vendredi est le jour de prière des musulmans, le samedi celui des juifs, le dimanche celui des chrétiens, et que les Sioux, invités parmi d'autres, fument leur calumet de la paix n'importe quel jour de la semaine sauf quand ils sont en expédition.

La photo historique restant de cette manifestation est celle du rassemblement en carré dans la cour inférieure de la basilique d'Assise : le mot " Paix " écrit en toutes les langues sur une espèce de podium et les représentants des « douze plus grandes religions » assis sur des chaises semblables. Mêlé à eux, non pas même au centre, le pape, sans mitre, un peu tassé sur son siège qui cette fois n'est pas celui de Pierre, entre le dalaï-lama et le métropolite Méthodios.

Cent trente responsables religieux avaient répondu à l'appel de Jean-Paul II. Après l'allocution de bienvenue, les groupes se répartirent dans la ville pour prier « non ensemble mais en même temps ». Les Sikhs se sont installés à l'évêché, les musulmans dans une salle face à la poste, les hindouistes devant l'autel de Sainte-Marie Majeure. A l'église Saint-Pierre, le dalaï-lama et ses disciples ont prié devant le tabernacle sur lequel ils avaient posé une statue de Boudha.

Une grande réunion, l'après-midi, a permis à chaque groupe de réciter publiquement sa prière. Les musulmans ont dit :

« Nous croyons en Dieu, à ce qu'Il nous révèle, à ce qu'Il révélait à Abraham, Ismaël, Jacob et les tribus, à ce que le Seigneur donnait à Moïse et à Jésus, à ce qu'Il donnait aux prophètes. Nous ne faisons pas de différences entre eux, et nous Lui sommes soumis. »

Les animistes africains ont récité cette formule :

« Que tous les ancêtres et esprits mauvais reçoivent leur boisson et s'enfuient vers leur jugement. Mais vous, bons esprits et bons ancêtres que nous avons appelés, recevez nos boissons, répandez sur nous vos bénédictions en abondance et accordez-nous la paix. »

Les Indiens d'Amérique du Nord avaient sans conteste la parure la plus spectaculaire, avec les chapeaux à plumes de la grande époque. Ils dirent, quand ce fut leur tour :

« Ce calumet a été donné à mon peuple par le Créateur en vue de la paix et de l'amitié... En fumant ce calumet en présence du Créateur et avec toute la Création, nous offrons le calumet au Grand Esprit, à la Mère Terre et aux Quatre Vents, et faisons monter une prière d'action de grâces et de bénédiction pour cette cérémonie. Et je vous l'offre à vous, mes amis. »

Il n'y eut aucune tentative de prosélytisme. Le

pape, qui s'était brièvement présenté le matin comme « croyant en Jésus-Christ et premier serviteur de l'Église catholique », conclut la journée en disant : « Je professe à nouveau ma conviction, partagée par tous les chrétiens, qu'en Jésus-Christ, le sauveur de tous, on peut trouver la paix... Je redis ici humblement ma propre conviction : la paix porte le nom de Jésus-Christ. »

La réunion d'Assise aura des prolongements : un an après, les représentants de toutes les religions du monde se retrouvaient dans la ville même de Pierre, à l'église Santa Maria in Transtevere. En 1992, le cardinal Danneels organisait à Bruxelles un grand rassemblement où l'on put voir des évêques de l'Église patriotique de Chine (schismatique) mais aucun représentant de l'Église clandestine fidèle à Rome, évidemment empêchée.

Pour la deuxième rencontre d'Assise, les 9 et 10 janvier 1993, était adoptée une nouvelle organisation visant à éviter l'accusation de syncrétisme : les religions confondues se retrouveraient le samedi après-midi, le samedi soir serait réservé aux chrétiens et le dimanche aux catholiques. Or les juifs s'excusèrent parce que le samedi, ils n'y sont pour personne; les orthodoxes boudèrent l'invitation en reprochant au pape, qui était vigoureusement intervenu en faveur des Bosniaques, d'avoir adopté une attitude « anti-serbe »; les anglicans, déconfits des réactions suscitées par leur décision d'ordonner des femmes prêtres, n'avaient délégué que l'archevêque d'York; les Sioux, probablement occupés sur le sentier de la guerre, ne vinrent pas non plus.

Que ces rassemblements religieux marquent une rupture avec le passé de l'Église est attesté par le Grand Orient d'Italie, dont un responsable, Armando Corona, grand maître de la loge de l'Equinoxe du Printemps, commenta ainsi la réunion d'Assise :

« Notre interconfessionalisme nous a valu l'excommunication reçue en 1738 de la part de Clément XI. Mais l'Église était certainement dans l'erreur s'il est vrai que, le 27 octobre 1986, l'actuel pontife a réuni à Assise des hommes de toutes les confessions religieuses pour prier ensemble pour la paix. Et que cherchaient d'autre nos frères quand ils se réunissaient dans les temples, sinon l'amour entre les hommes, la tolérance, la solidarité, la défense de la dignité de la personne humaine, se considérant égaux, au-dessus des credos politiques, des credos religieux et des couleurs de la peau ? »

Il faut bien reconnaître, par conséquent, que le concile n'a pas été trahi ; il a été appliqué à la lettre, ce concile qui, selon toute vraisemblance, fait l'objet du troisième secret de Fatima.

XXIV

Appelons-la Mémoire du Seigneur
La Vierge indésirable
Comme au temps d'Henri VIII
Nous attendons Ta venue dans la gloire

En mai 1992, le Père Werenfried van Straaten, qui a réalisé l'œuvre colossale que l'on sait en faveur de l'Église du silence aux temps les plus sombres de la dictature communiste en Europe, a eu l'idée de lancer à Fatima un « rosaire œcuménique » associant catholiques et orthodoxes. Le « Père au lard », selon le surnom que lui ont donné ceux qu'il a secourus sur le plan alimentaire et spirituel, applique donc lui aussi le concile : « Il est souhaitable que les catholiques s'associent pour prier avec les frères séparés » (*Unitatis Redintegratio*, 8). Mais il pose, ce faisant, le problème de la « conversion de la Russie ». Peut-on la considérer comme accomplie depuis l'ouverture du Rideau de fer et la restauration de la liberté religieuse, depuis que l'on dit la messe au Kremlin et que le président de la Fédération de Russie, sans être vraiment pratiquant, assiste aux offices dans les grandes occasions ?

L'archevêque de Braga, don Enrico Dias Nogueiro, répond affirmativement. Il déclarait en 1991 : « Aucun théologien n'interprète cette conversion comme une intégration du peuple soviétique au sein de l'Église catholique, car, dans sa majeure partie, ce peuple appartient à l'Église orthodoxe. Cette Église a surgi de la rupture ou du schisme de Constantinople, il y a près de mille ans. Une conversion signifie un retour à Dieu et aux hautes valeurs spirituelles que l'Évangile proclame. C'est justement ce qui est en train de se produire chez les peuples ex-communistes, et presque tous avaient été éduqués dans la foi chrétienne, sous ses diverses formulations accidentelles. »

Don Enrico Dias Nogueiro respecte donc lui aussi les règles posées par le concile en matière d'œcuménisme. Cet œcuménisme au sens strict, qui ne s'applique qu'aux religions chrétiennes, a fait l'objet d'un décret où l'orthodoxie reçoit une place privilégiée, puisqu'elle bénéficie de la succession apostolique : elle a de vrais sacrements et célèbre validement l'Eucharistie. Le décret va plus loin, en disant : « Ainsi donc, par la célébration de l'Eucharistie du Seigneur en chaque Église particulière, l'Église de Dieu s'édifie et grandit », et semble intégrer purement et simplement les Églises orthodoxes à l'Église catholique. La citation est de saint Jean Chrysostome, qui vécut au IVe siècle, cinq cents ans avant la séparation de Rome. La référence est surprenante, par conséquent, car saint Jean Bouche d'or entendait « Église particulière » dans le même sens que l'apôtre Jean dans l'Apocalypse et que nous l'entendons aujourd'hui quand on parle de « l'Église de France », « l'Église d'Allemagne » : il s'agit toujours de l'Église catholique romaine.

On constate un glissement sémantique, comme dans l'expression « peuple de Dieu », et cette confusion dépasse maintenant le problème de l'orthodoxie : il est devenu courant de dire « les Églises », enveloppant sous ce terme les anglicans, les orthodoxes, les protestants de toutes confessions, voire les témoins de Jéhovah. Le journal *La Croix* titrait à la Une, le 18 janvier 1992 : « Semaine de l'unité : l'appel des Églises », en contradiction avec le Credo chanté à la messe : « Je crois l'Église une... »

L'archevêque de Braga voit dans les différentes confessions « la foi chrétienne sous ses diverses formulations accidentelles ». C'est un jugement que n'aurait jamais eu l'idée de prononcer son prédécesseur du temps des apparitions, celles-ci s'étant produites avant le concile. Celui-ci a donc bien changé quelque chose.

Le changement a été surtout sensible au grand public dans la nouvelle façon de dire la messe. Elle est justifiée officiellement par le souci de rendre la cérémonie plus familière et plus courte, de rendre les textes et les prières plus accessibles grâce à l'emploi de la langue courante, de faire participer davantage les fidèles. L'historique de la réforme liturgique accuse des raisons différentes. L'idée des réformateurs était de faire une messe à laquelle les protestants ne répugneraient pas d'assister, malgré les différences fondamentales qui les séparent des catholiques en la matière.

Six protestants ont participé à l'élaboration de la nouvelle messe, parmi lesquels le frère Max Thurian, fondateur de la communauté de Taizé. Leur photo entourant Paul VI a été publiée dans les journaux les plus officiels de l'Église. C'est un fait sans précédent à double titre : jamais des protestants n'avaient été invités à intervenir dans la liturgie catholique, mais aussi voyait-on pour la première fois dans l'Histoire un pape fabriquant de toutes pièces une nouvelle messe.

Les ornements sacerdotaux ont été remplacés par l'aube de Taizé ; disparaissaient ainsi les couleurs liturgiques mais aussi la croix brodée sur la chasuble, que le prêtre semblait porter sur le dos lorsqu'il s'inclinait pour consacrer, symbole rappelant qu'il tenait à l'autel la place du Christ. Le prêtre, dans la nouvelle liturgie, « préside », comme le pasteur ; c'est l'assemblée qui célèbre l'Eucharistie en vertu du « sacerdoce commun des fidèles » cher aux protestants. On dit maintenant : célébrons ensemble. Le prêtre récite le *Confiteor* et le *Domine non sum dignus* avec les fidèles, au lieu de le faire séparément comme le voulait l'ancien *ordo* pour marquer la distinction entre le sacerdoce ministériel du prêtre et le sacerdoce commun des fidèles. On ne lui dit plus : « Que le Seigneur reçoive ce sacrifice de vos mains », mais : « Prions ensemble. » La messe étant une assemblée, elle n'a plus lieu sans réunion des fidèles : les prêtres ne la célèbrent guère plus seuls, les matins de semaine. On utilise le moins possible le mot " messe ", dont Luther disait : « Regardons-la comme sacrement ou comme testament. Appelons-la bénédiction, eucharistie ou table du Seigneur, ou Cène du Seigneur, ou Mémoire du Seigneur. »

L'importance donnée aux lectures, à la « liturgie de la parole » est propre à satisfaire les calvinistes. Elle a pour second effet d'introduire les laïcs dans l'action sacrée, en leur faisant lire à l'ambon l'épître et les acclamations. Ils distribuent aussi la communion. Le célébrant, la majeure partie du temps assis, remplit d'une façon exacte son rôle de président.

Plusieurs prières ont été supprimées ou modifiées, en particulier celles où étaient invoqués la Vierge Marie, saint Pierre et saint Paul (le *Suscipe*, le *Libera nos*) ; la mention « toujours vierge » a disparu du *Confiteor*. Dans le propre de la messe, la « Purification de la Bienheureuse Vierge Marie » est devenue la « Présentation du Seigneur » ; l'« Annonciation de la Bienheureuse Vierge Marie » a été remplacée par l'« Annonciation du Seigneur ». On reconnaît la recommandation suggérée par le concile (*Lumen Gentium* 67) de s'abstenir dans le culte de la Sainte Vierge de « toute fausse exaltation » : « Tout est tourné vers le Christ, source exclusive de la vérité, de la sainteté et de la dévotion. Dans leurs paroles ou leurs actions, ils (les théologiens) doivent éviter avec soin tout ce qui pourrait induire en erreur les frères séparés, ou n'importe quelle autre personne, au sujet de la véritable doctrine de l'Église. » Ce paragraphe trahit le souci de limiter la dévotion à celle dont saint Bernard disait : « *De Maria, nunquam satis* » (au sujet de Marie, on n'en fait jamais assez). Le culte des saints, que ne partagent pas les protestants, est atténué. La liste qui en est faite au *Communicantes* et au *Nobis quoque peccatoribus* peut être sautée (entre crochets dans le texte). On a supprimé la prière que fait le célébrant, une fois monté à l'autel, sur les reliques des martyrs qui y sont renfermées (*Oramus Te*).

La messe commençait par la récitation, au bas des marches, du psaume *Introïbo ad altare Dei* (Je monterai à l'autel de Dieu). Il n'existe plus, rappelant trop clairement que la messe, étant un sacrifice, se célèbre sur un autel. En 1969 et même avant, les curés ont fait abattre le maître-autel de leurs églises, parfois historiques, et bien des fidèles ont rendu grâces pour une fois à la loi de séparation de l'Église et de l'État, qui a conduit les maires des communes à y mettre le holà dans les lieux de culte spoliés en 1905. Les maîtres-autels qui restent en place servent à poser les fleurs. Luther disait aussi : « Cet abominable canon (de la messe papiste) est un recueil de lagunes bourbeuses ; on a fait de la messe un sacrifice ; on a ajouté les offertoires. La messe n'est pas un sacrifice ou l'action d'un sacrificateur. »

Sur la table, volante ou fixe, installée désormais à l'entrée du chœur, la célébration ressemble plus à la Cène protestante qu'à la messe catholique. L'offertoire a été remplacé par les « berakot » que les juifs de l'Ancien Testament récitaient au début des repas et qui correspondent au *Benedicite*. Le célébrant « présente » au Dieu de l'univers le pain, « fruit de la terre et du travail des hommes », puis le vin, « fruit de la vigne et du travail des hommes », en affirmant en termes neutres qu'ils deviendront « le pain de vie » et « le vin du Royaume éternel ».

Par la consécration séparée du pain et du vin, le prêtre rendait présent, sous une forme non sanglante, le sacrifice du calvaire. La nouvelle messe, sous la rubrique « Récit de l'Institution », commémore simplement ce sacrifice ; le prêtre prononce les paroles du Christ à la Cène sur un ton narratif et non plus intimatif. Après la consécration, la théologie catholique tient que le pain est devenu le corps du Seigneur et le vin Son sang. La liturgie nouvelle incite peu les célébrants à le croire. Les plus pieux font alors la génuflexion imposée par la rubrique et adorent le Christ présent. Dans les concélébrations, les concélébrants doivent simplement s'incliner et le célébrant principal fréquemment les imite. Le nouvel *ordo* fait alors chanter aux fidèles : « ... Nous attendons Ta venue dans la gloire », formule étrange si l'on croit que le Christ justement vient d'arriver.

Les témoignages de satisfaction venant de protestants abondent. Le pasteur Mehl écrit : « Il y a bel et bien effacement de l'idée selon laquelle la messe constituerait un sacrifice... Évolution décisive de la liturgie catholique. » Un autre luthérien, le pasteur Jordhan, de Hambourg, estime de son côté : « (Le canon romain) était presque exclusivement une prière sacrificielle... Que maintenant cette tradition, jugée par la Réforme protestante comme une fausse route manifeste, ait été abandonnée de façon non équivoque, cela constitue un événement qui peut être évalué à bon droit comme un grand progrès vers l'unité. »

Citons encore le pasteur Max Thurian : « Des communautés non catholiques pourront célébrer la Sainte

Cène avec les mêmes prières que l'Église catholique. Théologiquement, c'est possible. »

C'est théologiquement possible aussi pour les anglicans. Thomas Cranmer, premier archevêque réformé de Cantorbery, l'artisan du divorce d'Henri VIII par lequel fut consommé le schisme de l'Église d'Angleterre, est l'auteur du *Book of Common Prayer*, qui modifia en 1549 le rite de la messe dans ce pays. La concordance avec la messe de Paul VI est frappante. Le *Prayer Book* prescrivait la substitution de l'anglais au latin, remplaçait le mot " messe " par le mot " cène ", supprimait l'*Introïbo ad altare Dei*, donnait une place accrue aux « lectures » et aux commentaires de l'Écriture, supprimait pratiquement l'offertoire en tant qu'oblation ; les prières du canon étaient réduites, de façon à effacer les références au caractère sacrificiel de la messe ; les paroles et les gestes, génuflexions en particulier, manifestant la croyance en la présence réelle du Christ dans l'hostie et le calice, étaient éliminés. Les autels étaient détruits et remplacés par une simple table au bas des marches conduisant au chœur ; une seule nappe au lieu de trois devait y être mise ; les ornements du prêtre se réduisaient à un simple surplis ; l'hostie était remplacée par du pain ordinaire ; les fidèles recevaient la communion dans la main et debout, l'agenouillement étant considéré comme un signe d'adoration à proscrire. L'évêque Scott devait observer : « Il n'y avait plus de consécration car, lorsque le ministre prononçait les paroles de l'Institution : CECI EST MON CORPS..., il les disait sans l'intention voulue, comme s'il racontait une histoire. »

Quatre cents ans plus tard, un prélat anglais, Mgr Dwyer, archevêque de Birmingham, confiait à un journal français (*L'Aurore*, 24 octobre 1967) : « La réforme liturgique est, dans un sens très profond, la clé de l'aggiornamento. Ne vous y trompez pas : c'est là que commence la révolution. »

Le Père Congar prononçait lui aussi le mot " révolution " vers la même époque à propos de l'ensemble des nouveautés introduites dans l'Église du fait du concile. Pour se rapprocher des « religions non chrétiennes », l'Église avait fait abstraction du Christ; pour se rapprocher des autres confessions chrétiennes, schismatiques ou hérétiques, elle avait fait abstraction de la messe.

XXV

« L'indignation du Dieu tout-puissant »
Un pullulement d'erreurs graves
Le manteau de la foi
Le fardeau de l'homme en blanc

Nous possédons d'une façon certaine du troisième secret une seule phrase : la première. Et encore est-elle incomplète. Sous la pression de son évêque et du Père Galamba, historiographe de Jacinthe, Lucie l'écrivit dans son quatrième Mémoire, terminé le 8 décembre 1941, alors qu'elle ne l'avait pas fait figurer dans le troisième.

Cette phrase, rappelons-le, est : « Le Portugal conservera le dogme de la foi, etc. » Sous sa forme inachevée, elle contient plusieurs informations.

En dehors du Portugal, la foi disparaîtra. Il n'est plus question de cataclysmes mais d'apostasie, ce qui fait écho à la préoccupation de Jésus dans l'Évangile : « Quand le Fils de l'Homme reviendra sur Terre, y trouvera-t-il encore la foi ? ». Pourquoi le Portugal échappera-t-il à ce malheur, considéré comme beaucoup plus grand par la Vierge qu'une nouvelle guerre mondiale ? Sans doute à cause de l'accueil sans réserve qui lui a été fait par les foules de ce pays et qui ne s'est pas démenti jusqu'à aujourd'hui. Lucie écrivait dans une lettre que le Portugal serait préservé « eu égard à la consécration qui lui a été faite » (consécration nationale par l'ensemble des évêques portugais le 13 mai 1931).

La levée de l'embargo sur le secret a été fixée par le Ciel à l'année 1960. C'est l'année où il était encore temps pour le pape de renoncer à réunir un concile. « A ce moment-là, avait dit Lucie, cela paraîtra plus clair. » Ce fut l'année-charnière qui précipita les choses. Le concile eut lieu, rappelons-le, dans la première moitié des années soixante.

Que le troisième secret concerne bien ce que nous disons est une opinion partagée par plusieurs des meilleurs experts et enquêteurs religieux de Fatima, parmi lesquels Frère Michel de la Sainte-Trinité cite le Père Alonso, le R.P. Martins dos Reis, l'abbé Roger Rebut, le P. Messias Dias Coelho, le chanoine Galamba, le R.P. Luis Kondor, vice-postulateur des causes de béatification de Jacinthe et François, le Père Schweigl, Mgr Venancio..., et il ajoute : « Quant au cardinal Ratzinger, il est clair que ses déclarations à Vittorio Messori viennent également confirmer l'hypothèse du P. Alonso. Le cardinal nous affirme que le troisième secret de Fatima a trait aux " périls qui pèsent sur la foi et la vie du chrétien, et donc du monde. " Il est même probable que ce fut la lecture de ce document extraordinaire qui décida le préfet de la Congrégation pour la doctrine de la foi à dénoncer le pullulement d'erreurs graves qui menacent aujourd'hui l'intégrité de la foi catholique dans quatre continents sur cinq. »

Bien que saint Paul ait annoncé dans la Deuxième Épître aux Thessaloniciens (II, 3) : « Le jour du Seigneur ne viendra pas que l'apostasie n'ait eu lieu premièrement », il ne manque pas d'esprits graves pour douter que ce désastre puisse sortir d'un concile œcuménique. Un tel concile n'est-il pas infaillible? Vatican II a rassemblé les évêques du monde entier pendant quatre sessions étalées sur quatre ans, les constitutions, décrets, déclarations, ont été promulgués par le pape. Ce que ces textes contiennent n'est-il pas définitif et irrévocable ?

Il n'y aurait aucun doute sur ce point si le concile avait engagé son infaillibilité, mais il ne l'a pas fait. Les travaux étaient encore en cours qu'un grand nombre de pères posaient la question au secrétaire général du concile, qui répondait ès qualité, le 16 novembre 1964 :

« Compte tenu de l'usage des conciles et du but pastoral du concile actuel, celui-ci définit comme devant être tenus par l'Église en matière de foi et de mœurs uniquement les points qu'il a clairement déclarés tels. »

Mais Vatican II n'a déclaré aucun point comme obligatoire et n'a pas fulminé d'anathèmes. Et Mgr Felici commentait oralement, à la fin des sessions : « Il faut distinguer suivant les schémas, les chapitres, ceux qui ont déjà fait l'objet de définitions dogmatiques dans le passé ; quant aux déclarations qui ont un caractère de nouveauté, il faut faire des réserves. » Paul VI lui-même déclarait à l'audience générale du 12 janvier 1966 que le concile « n'a pas voulu promulguer de manière extraordinaire des dogmes affectés de la note d'infaillibilité. »

Le droit de l'Église dispose de formules juridiques pour les définitions de caractère infaillible. Voici, par exemple, celle qui termine la promulgation du dogme de l'Immaculée Conception par Pie XI en 1854 :

« C'est pourquoi, s'il en était, qu'à Dieu ne plaise, qui eussent la présomption d'avoir des sentiments contraires à ce que Nous venons de définir, qu'ils sachent très clairement qu'ils se condamnent eux-mêmes par leur propre jugement, qu'ils ont fait naufrage dans la foi et se sont séparés de l'unité de l'Église, et que, de plus, par le fait même, ils encourent les peines portées par le droit s'ils n'osent manifester par parole, par écrit ou par quelque signe extérieur ce qu'ils pensent intérieurement. »

Quatre cents ans avant la messe de Vatican II, saint Pie V protégeait à perpétuité la messe rétablie par ses soins « conformément à la règle antique et aux rites des Saints Pères » en concluant sa bulle par ces mots :

« Qu'absolument personne, donc, ne puisse déroger à cette page qui exprime notre permission, notre décision, notre ordonnance, notre commandement, notre précepte, notre concession, notre indult, notre déclaration, notre décret et notre interdiction, ou n'ose témérairement aller à l'encontre de ses dispositions. Si cependant quelqu'un se permettait une telle altération, qu'il sache qu'il encourrait l'indignation de Dieu tout-puissant et de ses bienheureux apôtres Pierre et Paul. »

Le concile Vatican II, qui avait pour objet déclaré de mettre l'Église à la portée des « hommes de notre temps », n'était donc pas par le fait même intemporel. Il était « pastoral », mais le monde, et donc les méthodes pastorales, ont changé depuis trente ans.

Si un pape voulait tenir compte des avertissements de la Vierge de Fatima, il pourrait par conséquent, en vertu de son magistère suprême ordinaire, rectifier les déclarations qui ont entraîné les déviances déplorées par Ratzinger. Mais que se passerait-il alors ?

Une déflagration énorme, qui ferait s'écrouler des pans entiers du monde catholique. Qui oserait s'y risquer ? Les deux papes post-conciliaires (mentionnons pour mémoire Jean-Paul 1er, qui ne régna que trente-trois jours ; a-t-il lu le secret de Fatima ? De quelle secousse psychologique est-il mort ?) ont visiblement ressenti l'acuité de la crise de la foi dans l'Église. Paul VI a dénoncé, dans un moment d'intense émotion, les « fumées de Satan » qui s'étaient introduites dans le sanctuaire « par quelque fissure » ; le 30 juin 1968, clôturant la célébration du dix-neuvième centenaire du martyre des apôtres Pierre et Paul, il prononçait solennellement, debout au milieu de ses cardinaux qu'il obligea à rester assis, sa profession de foi catholique, « pour rendre, au nom de tout le peuple de Dieu, un ferme témoignage à la vérité divine confiée à l'Église pour qu'elle l'annonce à toutes les nations ». C'était, sans altération, le dépôt de la Tradition apostolique, exprimé dans un langage d'une beauté limpide. Mais Paul VI est mort sans avoir remis en cause le concile.

Puis a surgi le pape qui venait du froid. Il est difficile de ne pas avoir de la sympathie pour ce pèlerin du monde à l'ardeur conquérante. Jean-Paul II avait participé d'une manière active au concile. A-t-il lu ce qu'avait dit la Vierge à la Cova da Iria ? Il a été élu par le conclave pour appliquer le concile, « tout le concile, rien que le concile », et nous nous trompons peut-être, mais il nous a semblé qu'il le portait de plus en plus sur ses épaules avec résignation, nouveau fardeau de l'homme en blanc. Oui, il a lu le secret, il est allé à Fatima, la balle qui lui a transpercé le corps a été sertie dans la couronne de la Vierge, il a fait deux fois la consécration demandée sans réussir à remplir entièrement les conditions, il a quand même été exaucé en partie, la nouvelle donne politique internationale lui doit certainement beaucoup.

Il n'en est pas moins visible que pendant les quinze ans déjà parcourus de son pontificat, l'Église s'est installée dans une position de repli, le nombre des prêtres continue de décroître de façon dramatique, les caisses du Vatican connaissent un déficit sans précédent, les sectes gagnent du terrain, il est courant de lire sous la plume des sociologues que le christianisme agonise, quand ils ne le donnent pas pour défunt. Il existe une contradiction entre la « nouvelle évangélisation » pour laquelle Jean-Paul II parcourt le monde et le concile dévastateur qu'il se sent tenu de cautionner.

Mais comment ne pas noter aussi l'intransigeance avec laquelle il défend la morale catholique ? C'est un sujet sur lequel il prêche à temps et à contretemps : l'avortement, la contraception, le mariage indissoluble, la procréation artificielle, le célibat sacerdotal... On ne le fera pas démordre d'un pouce, comme s'il tenait là un pan du manteau de la foi que cherche à lui arracher la meute des théologiens qui ont déjà mis en lambeaux le dogme et la liturgie. Tout se passe comme s'il sentait que, tant qu'il tiendra un bout du manteau, rien n'est perdu, et c'est ce bout-là que convoitent les clercs brûlant de couper la dernière amarre qui empêche le bateau de Pierre de voguer sur les mers de l'incertitude. On le voit dans les manifestes et déclarations qui paraissent régulièrement, Déclaration des Cent, Appel au dialogue, Déclaration de Cologne, Déclaration de Coblence... : chaque revendication théologique et doctrinale débouche sur des questions de morale sexuelle.

L'Église, a-t-on toujours dit, est une œuvre divine confiée à des mains d'hommes. Jean-Paul II, dans la tourmente actuelle, quel que soit le jugement que l'Histoire portera sur lui, est pape, et c'est ce qui donne à la silhouette itinérante de l'homme en blanc chargé du fardeau du concile, étouffé par la collégialité, cet aspect pathétique de lutteur blessé se redressant inlassablement pour aller vers les foules.

En 1992, la publication du « Catéchisme de l'Église catholique », grand succès de librairie, était regardée par toute une partie du clergé comme une catastrophe, car il lui apparaissait comme un effort de recentrage doctrinal, un coup de frein donné par Rome à l'aventure conciliaire. Tout en sacrifiant encore à plusieurs nouveautés de Vatican II et non des moindres, il réaffirmait d'une façon claire l'Incarnation, la Rédemption, la Conception virginale de Jésus, sa Résurrection, l'existence des anges, le péché originel, la vie éternelle... Jean-Paul II ramenait à lui tout un pan du manteau de la foi considéré comme perdu.

Mais il serait étonnant qu'il opère le redressement spectaculaire consistant à revenir sur le concile. Un nouveau pape pourrait le faire, ayant lu à son tour le contenu de la petite enveloppe. Si, comme nous le pensons, Notre-Dame y parle de la véritable cause du désordre actuel, et si ce nouveau pape cherche un levier pour ébranler le colossal iceberg dressé sur la route de la barque de Pierre, le moyen est tout indiqué : il lui suffira de publier enfin... le troisième secret de Fatima.

BIBLIOGRAPHIE

Mémoires de Sœur Lucie, Vice-Postulaçao Dos Videntes, 1991 (2e éd.).

J. De Marchi, *Témoignages sur les apparitions de Fatima*, Edições Missões Consolata, 1990 (6e éd.).

C. Barthas, *Le Message de Fatima, étude analytique*, Fatima-Éditions, 1971.

Fatima, merveille inouïe, Fatima-Éditions, 1942.

Fatima et les destins du monde, Fatima-Éditions, 1957.

P. Alonso, *Histoire ancienne et histoire nouvelle de Fatima*, Lethielleux, 1976.

La Verdad sobre el secreto de Fatima, Centro Mariano, Madrid, 1976.

Fatima, España, Rusia, Centro Mariano, 1976.

Abbé Caillon, *La Consécration de la Russie aux très Saints Cœurs de Jésus et de Marie*, Téqui, 1983.

P. Castelbranco, *Le Prodige inouï de Fatima*, Centre de Diffusion, 1956 (11e éd.).

Chanoine Galamba, *Jacinta*, Grafica, 1982 (8e éd.).

On notera spécialement l'importante étude en trois volumes de Frère Michel de la Sainte Trinité : *Toute la Vérité sur Fatima*, Contre-Réforme catholique, 1983-1986.

Fatima a fait d'autre part l'objet de très nombreux articles dans les revues spécialisées.

TABLE

DANS LA MÊME COLLECTION

C. Berlitz, *Le Triangle du Dragon*
Événements inexpliqués et personnages étranges du monde
J. Bernard et B. Duboy, *Medhi, l'initiation d'un soufi*
J. Blum, *Mystère et Message des Cathares*
Rennes-le-Château, Wisigoths, Cathares, Templiers
C. Darche, *Pratique du tarot de Marseille*
M. Dem,, *Le Troisème Secret de Fatima*
J.-J. Dexter, *L'hypnose est un éveil*
P. Drout, *Des vies antérieures aux vies futures*
Guérison spirituelle et immortalité
Nous sommes tous immortels
Mémoires d'un voyageur du temps
Dr R. Fix, *L'Amour, clé du bien « être »*
J.-C. De Fontbrune , *Nostradamus, historien et prophète*
H. S. Fridman, *Les Secrets de l'autoguérison*
C. Griscom, *L'Éveil intérieur*
G. Gruais et G. Mouny, *Le Grand Secret de Sphinx de Guizèh*
L. Jampolski, *Affirmez votre personnalité*
C. Kisacanin, *Dialogues avec les morts*
D. Koechlin de Bizemont, *Edgar Cayce : guérir par la musique*
E. Kubler-Ross, *La Mort, dernière étape de la croissance*
La Mort et l'Enfant
H. Kurth, *Dictionnaire des rêves de A à Z*
A. Le Kern, *La Géomancie, un art divinatoire*
R. Le Lann, *Ces ondes qui nous soignent*
A;-M. Lionnet et J.-P. Sermonte, *La Rencontre des anges*
W.A. Mac Garey, *Les Remèdes d'Edgar Cayce*
J. Mandorla, *Le Livre de vos énergies*
T. Moore, *Le Soin de l'âme*
Dr J. Murphy, *Comment réussir votre vie*
Découvrir votre dimensin cosmique
Le Télépsychisme
Comment utiliser les pouvoirs de votre subconscient
Les Ressourves infinies de votres esprit
R. Réant, *La Parapsychologie et l'Invisible*
L. Renard, *La Médecine de l'âme du Dr Edward Bach*
K. Ring, *Projet Oméga*
C.-G. Sarrazin, *L'Expérience de la réincarnation*
J. Sider : *Ovnis : dossier secret*
M. Simonet, *Images et Messages de l'Au-delà*
Réalité de l'Au-delà et transcommunication
G. Sorgel, *La Bible à l'aube de l'Ère du Verseau*
J. Stiegler, *L'Avenir avant l'an 2 000*
M. Thurston et C. Fazel, *Créez votre propre futur avec Edgar Cayce*
Y. Tywoniak, *Le Guide de la voyance par téléphone*
J.-M. Weiss et M. Chavelli, *Se soigner et guérir par les couleurs*
S. Wilson Estep, *La Communication avec les morts*

CET OUVRAGE A ÉTÉ REPRODUIT
ET ACHEVÉ D'IMPRIMER SUR ROTO-PAGE
PAR L'IMPRIMERIE FLOCH À MAYENNE
EN NOVEMBRE 1994

Éditions du Rocher
28, rue Comte-Félix-Gastaldi
Monaco

Dépôt légal : juillet 1993.
N° d'Édition : CNE section commerce et industrie
Monaco : 19023.
N° d'impression : 36655.

Imprimé en France